Wolfgang Schlyter
Globale Identität
Persönlichkeit im Zeitalter der Dinge

© Labhard Verlag GmbH, Konstanz
1. Auflage 1997
Umschlag: Labhard Verlag GmbH, Helga Stützenberger
Gesamtherstellung: Labhard Verlag GmbH Konstanz

ISBN 3-926937-32-9

Wolfgang Schlyter

Globale Identität
Persönlichkeit im Zeitalter der Dinge

Labhard Verlag Konstanz
edition Bodensee

„Globale Identität - Persönlichkeit im Zeitalter der Dinge" von Wolfgang Schlyter ist die erste Veröffentlichung im Rahmen der „edition Bodensee" des Labhard Verlages Konstanz.

In dieser „edition Bodensee" geben wir Autorinnen und Autoren aus der internationalen Bodenseeregion die Möglichkeit, Arbeiten zu unterschiedlichen Themen zu veröffentlichen – Essays, wissenschaftliche Beiträge, Reden und Vorträge, Prosa und Lyrik...

Wir wünschen uns so einen bunten Strauß kreativer, spannender und auch durchaus unkonventioneller Veröffentlichungen.

Labhard Verlag Konstanz

Über den Autor:
Wolfgang Schlyter, geboren in Konstanz, ist promovierter Ästhetiker (Universität Uppsala/Schweden) und Hochschullehrer für Kulturwissenschaften.

| VORWORT | 9 |

WARUM DENN NOCH MITEINANDER REDEN?
WIR SEHEN DOCH WAS WIR UNS ZU SAGEN HABEN!
Einführung in eine globale Verständnis-
beziehung jenseits der privaten Zweierbeziehung 11

1 **DIE LIEBE**
  Kurze Ideengeschichte einer Konstruktion mit
  begrenzter Haltbarkeit 14
1.1 Griechen und Römer 14
1.2 Christentum und Renaissance 24
1.3 Liebe und Ehe 27
1.4 Moderne Beziehungen und die mimetischen Settings
    der Liebe 35

2 **DIE DINGE**
  Annäherungen an die persönliche Innenwelt der
  Außenwelt 42
2.1 An-Dingung 42
2.2 Das Zeitalter der Dinge 45
2.3 Spiegel und Welt 48
2.4 Tausch, romantische Liebe und symbolische
    Selbstergänzungen 52
2.4.1 Die Tiefe der Oberflächlichkeit 55
2.5 Persönlichkeit und Personifizierung 59
2.5.1 Charisma, Aura und Selbst-Image 63
2.6 Globale Identität und kulturelle Monadologie 71
2.7 The Image Is The Message 78
2.8 Thanatopraxis und Ding-Wiederkehr
    Kulturtechniken der Todlosigkeit 85

3	**DIE LIEBE UND DIE DINGE**
	Eine problematische Koexistenz
3.1	Exklusivität 92
3.2	Geschenke und Geschmack 94
3.3	Neid und Eifersucht 100
3.4	Gold wie Sand am Meer 103
3.5	An was denkst du? 105
3.6	Das Body Universum 106

4	**AUSBLICK AUF DEN GANG IN DIE DINGE**
	Der kosmosophische Weg
	zur Begegnung mit uns selbst 109

LITERATURVERZEICHNIS 113

Nicht die Dinge, sondern die Meinungen von den Dingen beunruhigen die Menschen.

Epiktet

VORWORT

Eine New Yorker Bekannte, die sich nach einer kurzen Ehe hatte scheiden lassen, gab mir einmal bei einer Tasse Kaffee hoffnungsfroh zu verstehen, daß sie wieder auf der Suche wäre und zu diesem Zweck in Bars intensive „Marktforschung" betreiben würde. Als ich ihr den wohlmeinenden Rat gab, dabei eine angemessene Vorsicht walten zu lassen und nebenbei an eine ungeklärte Mordserie an jungen Frauen erinnerte, weihte sie mich mit einem überlegenen Lächeln in ihre psychologischen Daseinstechniken ein. Ein Blick auf die Marke der Armbanduhr eines Fremden, und es wäre schon einmal einiges klar. Die Marke der Kleidung wäre ebenfalls aufschlußreich, und spätestens bei der Marke und Farbe des Autos könnte sie dann die Charaktereigenschaften der Objekte ihrer nächtlichen Forschungstätigkeit genau bestimmen. Durch diese Bekannte, die übrigens keineswegs unterbelichtet ist und die sogar an der renomierten Harvard Universität studiert hat, gewann ich Einblicke in die Tiefe einer auf den ersten Augenblick grotesk anmutenden Oberflächlichkeit. In ein Phänomen, das im Verlauf der rasant fortschreitenden Globalisierung gewiß nicht verborgen geblieben ist, jedoch auffallend wenig erörtert wird. Es handelt sich dabei um die immer intensiver werdenden Wechselbeziehungen zwischen Personen und der Persönlichkeit von Dingen.
Dabei ist zunächst einmal festzustellen, daß, Besuche in einem Warenhaus oder Gänge durch die Duty Free Regionen eines internationalen Airports können uns immer wieder davon überzeugen, unsere aktuelle geschichtliche Epoche ganz zweifellos das Zeitalter der Dinge ist. So wie früher einmal für unsere Vorfahren die Natur die gegebene Lebenswelt war, sind heute die Dinge, die uns unablässig umgeben, die natürliche Welt, in der wir leben. Und so, wie die Natur unsere Vorfahren dazu nötigte, auf ihre Gegebenheiten im Hinblick auf das menschliche Leben einzugehen, sind es nunmehr die Dinge, die unablässig die Komplexität des modernen sozialen Daseins prägen. Jedoch nicht die Dinge an sich sind es, die den Alltag kompliziert machen. Außer bei ganz trivialen Dingen, wie Spülmittel und Papiertaschentüchern, stehen ja beim Erwerb und der Bewertung von Waren

und Dienstleistungen ihre persönlichen Eigenschaften, das heißt, die jeweilige Marke, vor allem aber ihr soziales bzw. kulturelles Image im Vordergrund des Interesses.
Wodurch offenbar ein Fort-Schritt von herkömmlichen Identitätsformen entstanden ist. Verwebt sich doch, wie im Alltag ständig observiert werden kann, das Image von Dingen immer mehr mit dem Selbst-Image von Personen. Was im Zeitalter der Dinge völlig natürlich ist. Denn so, wie wir vom Moment der Geburt an in die Praxis des menschlichen Lebens einbezogen werden, werden nach und nach auch die Dinge, und alles, was an sozialen und kulturellen Bedeutungen in ihnen enthalten ist, in unser Selbst einbezogen. Es handelt sich dabei um eine sowohl individuelle wie auch kollektive An-Dingung an die Persönlichkeit der Dinge. Es sieht ganz danach aus, als ob das persönliche Aufgehen in der Persönlichkeit von Dingen, die Einfühlung mit ihnen, und der sogenannte „Kult" der mit ihnen getrieben wird, eine anthropologische Entwicklungsstufe markiert. Da es heute überall auf der Welt die gleichen Dinge zu kaufen gibt, die auch überall von denselben sozialen und kulturellen Bedeutungsschichten auratisch umgeben sind, liegt es in der Natur eben dieser Dinge, eine globale Identität heranzubilden. Eine Art von menschlicher Persönlichkeit, die sich nicht mehr durch kulturelle Innerlichkeiten oder Bildung, durch Wertungen oder durch Weltanschauungen vermittelt, sondern einzig und allein durch die Persönlichkeit von weltweit verbreiteten Dingen.
Bei der Beschäftigung mit diesem Phänomen wurde schnell deutlich, daß ein Zusammenhang zwischen der zunehmenden Flüchtigkeit klassischer Zweierbeziehungen und den Annäherungen mit altruistischen Gefühlen an Dinge besteht. Es ist ja heute nichts Außergewöhnliches, wenn Dinge wie Autos, Computer, Uhren und Parfüms zu Empfängern von tief empfundenen Zuneigungen, sowie den Gefühlen von Freundschaft und Liebe werden.

WARUM DENN NOCH MITEINANDER REDEN?
WIR SEHEN DOCH WAS WIR UNS ZU SAGEN HABEN!
Einführung in eine globale Verständnisbeziehung
jenseits der privaten Zweierbeziehung

Aus einem Dasein in der Einsamkeit der Gemeinschaft auszubrechen und statt dessen in einer vertrauten Welt intimer Zweisamkeit zu leben, ist das soziale Bedürfnis, das jeder Sehnsucht nach Liebe vorausgeht. Allerdings scheint die Welt privater Zweisamkeit, nachdem sie erst einmal zustandegekommen ist und sich als Daseinsform etabliert hat, nicht gerade der Ursprung andauernder Glücksgefühle zu sein. Im Gegenteil, die kollektive Erfahrung in der ersehnten Welt der Zweisamkeit besteht wohl eher im Gefühl, nicht geliebt und noch viel weniger verstanden zu werden.

Eine praktische Ratgebergilde, die sich angesichts der Krisensituation 'Zweierbeziehung' herangebildet hat, beklagt die allgemeine Bindungsunfähigkeit. Wofür gesellschaftliche Strukturen und sozialpsychologische Verhaltensmuster verantwortlich gemacht werden. Mit einem Unterton stoischer Resignation wird beispielsweise gesagt, daß in einer auf rasche Bedürfnisbefriedigung ausgerichteten Konsumgesellschaft vergessen würde, daß Liebe kein Konsumartikel, sondern ein Gut ist, das ununterbrochen gepflegt und in Beziehung gehalten werden muß. Oder, daß vor dem Hintergrund einer perfekt stilisierten Warenwelt jene ungeschminkte Nähe, die in intimen Beziehungen in der Tat unumgänglich ist, zu fluchtartigen Verdrängungsmechanismen führen würde. Zusammengenommen sind diese Aspekte sicher nicht ganz unzutreffend. Aber trotz der Menge an Daseinstechniken, die zur Erlangung einer verhältnismäßigen Verständnisbereitschaft in Zweierbeziehungen angeboten werden, entwickelt sie sich immer mehr zu einem menschlichen Notstandsgebiet mit globalen Ausmaßen. Nichts vermag diesen Notstand zu lindern. Handelt es sich dabei doch um einen Auflösungszustand, um das Ende einer menschlichen Sozialform.

Als Einstieg in die Begründung dieser Prognose bietet sich zunächst einmal folgender Sachverhalt an. Im Vergleich zu früher gibt es heute sehr viele Möglichkeiten zum Zustandekommen einer angenehmen sprachlichen Kommunikation. Man kann sich gut mit Leuten unterhalten, die man gar nicht kennt; mit dem Taxifahrer, dem Mann auf der Post, der Frau im Reisebüro oder mit Personen am Telefon.

Solche Gespräche können zwar in einer funktionsbezogenen Hinsicht überaus zufriedenstellend sein. Rein "menschlich" aber müssen sie unbefriedigend bleiben. Daher die Popularität von Begegnungsmöglichkeiten wie Bars, Restaurants, Kulturveranstaltungen, Vereine usw., die der Anbahnung und "Vertiefung" der Kontakte dienlich sind. Vertiefung bedeutet, daß ganz persönliche Eigenschaften als Selbstzweck in den Mittelpunkt eines beiderseitigen Interesses geraten wollen.

Die Gegenüberstellung dieser Kontaktniveaus erlaubt es, moderne Zweierbeziehungen als zwischenmenschliche Enklaven in einer ausschließlich funktionsbezogenen gesellschaftlichen Kommunikation zu verstehen. Unschwer nachvollziehbar ist, daß das Bedürfnis zur Aufrechterhaltung von Zweierbeziehungen nachlassen müßte, wenn es in der funktionsbezogenen Öffentlichkeit Möglichkeiten zur Einbringung von absolut individuellen Eigenschaften gäbe. Wenn der Alltag in der Öffentlichkeit, auf der Post, am Bahnschalter, an der Tankstelle, im Supermarkt oder wo auch immer, ein Vermittlungsforum für individuelle Eigenschaften wäre. Das scheint aber offenkundig nicht der Fall zu sein. Der Bahnschalter ist nicht der Ort zur Inszenierung individueller Innerlichkeiten. Man braucht auch nur anzudeuten, daß am Arbeitsplatz Avancen in Richtung intimer Privatheit strafrechtliche Konsequenzen nach sich ziehen, um zu verstehen, daß die Zwei-Weltlichkeit durchaus ihre Grenzen hat. Dennoch ist durch die Konstruktion von Persönlichkeitsprofil für Waren und Dienstleistungen der Alltag in der Öffentlichkeit zu einem globalen Vermittlungsforum für individuelle Identität geworden. Damit ist das Image der Dinge angesprochen, das sie gleichsam auratisch umgibt.

Mit dem Image einer Sache ist die Gesamtheit von Merkmalen und Eigenschaften symbolischer Art und Bedeutung zu verstehen, die eine Sache ausstrahlt, und im individuellen Bewußtsein ein "Bild" von der Sache entstehen läßt. Und je mehr die Bedeutung der Bilder der Dinge, etwa das Bild von der Persönlichkeit eines BMW, eines LUFTHANSA-Flugscheins oder einer CARTIER-Uhr zu kollektiven Vor-Bildern persönlicher Eigenschaften werden, desto mehr büßen die traditionellen Eigenschaften menschlicher Persönlichkeit an Bedeutung ein. Anders gesagt, die Zunahme an avancierter Ding-Persönlichkeit in der Öffentlichkeit läßt die dauerhafte Wertschätzung bedingungsloser Persönlichkeit im privaten Bereich abnehmen. Sollte also doch die Konsumgesellschaft schuld an der Misere der Zweierbeziehung sein? Immerhin wird ja gelegentlich der Verdacht geäußert, daß die Funktion vieler Dinge einzig und allein darin besteht, die Libido durch eine Art der repressiven Wunscherfüllung zu domestizieren. Die Persönlichkeit der Dinge und das Leben mit ihnen ist jedoch weitaus komplizierter. Im Zeitalter der Dinge, in dem wir ja mittlerweile leben, definieren wir uns bewußt und unbewußt mit Dingen, die wir als zu uns angehörig empfinden. Andererseits werden wir von der sozialen Umgebung, ob wir es wollen oder nicht, im Hinblick auf die Persönlichkeit unserer Dinge definiert. Die Persönlichkeit der Dinge ist heute unabdingbar in den Aufbau menschlicher Persönlichkeit einbezogen. Haben oder Sein, das ist nicht die Frage im Zeitalter der Dinge. Denn erst, wenn wir sehen, daß andere sehen und verstehen, was wir haben, können wir die Genugtuung empfinden, unmißverständlich verstanden worden zu sein.

Wenn man nun Liebe als einen Zustand auffaßt, in dem die Liebenden "am Du zum Ich" werden (Buber, M., *Das dialogische Prinzip*, Heidelberg 1984, S. 32), drängt sich die Erkenntnis auf, daß wir eigentlich nicht mehr an anderen Personen, sondern an der Persönlichkeit der Dinge, am Du der Dinge zum Ich von uns selbst werden. Durch die Persönlichkeit der Dinge sind wir uns "selbstverständlich" geworden. Es besteht heute kein Anlaß mehr, das persönliche Kontaktniveau zu vertiefen, denn in der global verbreiteten Persönlichkeit der Dinge *ist* die Tiefe menschlicher Subjektivität. Man braucht nur kurz daran zu denken, daß die Bedeutungstiefe einer HARLEY DAVIDSON mittlerweile schon die psychologische Tiefe eines Picasso bei weitem übertrifft, um zu verstehen, daß die Persönlichkeit der Dinge eine kulturanthropologische Realität hervorgebracht hat, die gewiß phantastischer als die phantastischste Phantasie der Sciencefiction-Verfasser ist.

Die Darlegung der Thematik ist in drei Teile gegliedert. Auf eine ideengeschichtliche Annäherung an den Gegenstand Liebe, die darauf hinausläuft, moderne Intimbeziehungen als mimetische Angleichungen an die kollektiven Vor-Bilder glücklicher Zweisamkeit zu verstehen, folgt eine erkenntnistheoretische Durchdringung des Wesens der Dinge. Eine Reihe sozialästhetischer Einzelerörterungen über die Liebe und die Dinge vermittelt abschließend einige Einblicke in die alltäglichen Beziehungen zwischen Personen und der Persönlichkeit von Dingen.

> *Komme ich spät nachts von Banketten, aus wissenschaftlichen Gesellschaften, aus gemütlichem Beisammensein nach Hause, erwartet mich eine kleine, halbdressierte Schimpansin, und ich lasse es mir nach Affenart bei ihr wohlgehn. Bei Tag will ich sie nicht sehen; sie hat nämlich den Irrsinn des verwirrten dressierten Tieres im Blick ...* (Franz Kafka, Ein Bericht für die Akademie, in: *Sämtliche Erzählungen*, Frankfurt/M 1970, S. 174).
> *"Verzeihen Sie", fuhr er fort, "es ist aber entsetzlich, entsetzlich, entsetzlich!" "Was ist entsetzlich?", fragte ich. "Dieser Abgrund von Irrtümern und Täuschungen in bezug auf die Frauen und unser Verhältnis zu ihnen, in dem wir leben."* (Leo Tolstoi, Die Kreutzer-Sonate, in: *Sämtliche Erzählungen II*, Insel Verlag 1961, S. 171).

1   DIE LIEBE

1.1   GRIECHEN UND RÖMER

In der ältesten griechischen Mythologie ist Liebe eine alles verbindende kosmische Macht, die als Gegenspielerin der spaltenden Kraft des Streites wirkt. In einem für unseren Kulturkreis nach wir vor grundlegenden Text über die Liebe, in Platons Symposion, wird berichtet, daß die Menschen einstmals kugelgestaltig waren und von Zeus zur Strafe eines begangenen Frevels halbiert wurden. Seither würde sich jede Hälfte nach ihrer verlorenen Ganzheit zurücksehnen, und indem eine Hälfte sich in Liebe mit der anderen vereine, wäre der Ursprungszustand wieder hergestellt. Dieser Mythos, der an *Mana*, das polynesische Einheitsprinzip denken läßt, ist immer noch in den Vorstellungsgebilden der romantischen Liebe lebendig. Und zwar in der Sehnsucht nach dem noch abwesenden, geliebten Objekt, von dem angenommen wird, daß es sich ebenso sehnsüchtig nach dem liebenden Subjekt sehnt. Dem Mythos zufolge gab es ursprünglich männliche, weibliche und männlich-weibliche Ganzheiten. Aus diesem Umstand, der jenseits menschlicher Präferenzen und sozialen Einflüssen angesiedelt ist, und Assoziationen an moderne genetische Erkenntnisse weckt, wird der Unterschied zwischen hetero- bzw. homosexuellen Veranlagungen erklärt. Die dem nach Vereinigung drängenden Prinzip gleich-gültig sind. Auch der Unterschied zwischen sorgender und begehrender Liebe ist nicht Gegenstand einer Wertung, weil durch die bloße Einheit von Mensch und Mensch die Utopie nach Vollständigkeit erhalten bleiben würde. Nicht was Liebende verbindet, sondern, daß sie verbunden sind, ist demnach letztendlich wesentlich.

So schön dieser Mythos ist; der Ursprung des altruistischen Empfindens wird dadurch nicht erhellt. Es wird heute allgemein angenommen, daß im Gegensatz zur Abneigung gegen Fremde, der Xenophobia, die zwischen Familien, Clans, Sippen, Stämmen und Völkern herrschte, im Innern der Gemeinschaften altruistische (*alter* - der Andere) Gefühle der Zusammengehörigkeit durch Brauchtum und gemeinsame Raubzüge gefördert wurden. Von dieser Grundstruktur ausgehend ist dann nachvollziehbar, daß in mehr avancierten Gesellschaften sich die Verbindlichkeit der Individuen zueinander steigern muß. Auch, daß schließlich neben einem auf Sympathie gegründeten Miteinander-auskommen-wollen, aber nicht Miteinander-auskommen-können, ein von oben durch Gesetze geregeltes Miteinander-auskommen-müssen tritt. Als Elementarform des altruistischen Empfindens wird freilich die Liebe der Mutter zu ihrem Kind als etwas zu ihr gehörig angenommen. Was denn auch den Gedanken an die Paarbildung als Keimzelle menschlicher Gemeinschaft aufkommen läßt.

Das ist allerdings sehr fraglich und im Hinblick auf die weitgehend unbekannten, prähistorischen Phasen der Menschheit auch eher unwahrscheinlich. Selbst noch Aristoteles, der aus dem Paar die Familie und daraus die Dorfgemeinschaft herleitete, hatte ja am Beispiel des spartanischen Staats Nachläufer des promiskuösen Gemeinschaftswesens der alten Menschheit vor Augen.

In Sparta war es üblich, daß sich ein halbes Dutzend Brüder eine Frau teilten. Obwohl an Frauen kein Mangel herrschte. Auch von Herodot, der die damalige Welt bereist hatte, stammen Berichte, die nicht das Paar, sondern die Promiskuität als Keimzelle des menschlichen Gemeinschaftswesens wahrscheinlich macht. Von den Nasamones in Lybien heißt es beispielsweise: "dort herrscht Weibergemeinschaft, und wenn einer eine Frau beschlafen will ... stellt er seinen Stock weg und vollzieht den Beischlaf mit ihr." (Thomsen, *Frühgeschichte Griechenlands und der Ägäis*, S. 104) In einem ähnlichen Bericht liefert Herodot eine plausible Erklärung dafür, weshalb die Sache öffentlich vonstatten ging. Die Agathosyri von Skythien, berichtet er, haben ihre Frauen gemeinsam, "weil sie alle Brüder sein, und als solche nicht in

Eifersucht und Feinschaft miteinander leben wollen." (Thomsen, ebd. S. 104) Von einem anderen Skythenstamm war bekannt, daß Frauen die gesamte Arbeit verrichten, und sich zwischendrin zu "jedem Mann gesellen, der ihnen zusagt." (Thomsen, ebd. S. 105) In diesem Zusammenhang erscheint das Bordell als wirtschaftlich institutionalisierter Bastard prähistorischer Promiskuität. Die Beschreibung der Bordelle im alten Athen erinnert auf jeden Fall an die Berichterstattungen über Verhältnisse in promiskuösen Gemeinschaften. (Licht, H., *Sexual Life in Ancient Greece*, New York 1953, S. 333) Nicht auszuschließen ist, daß das sogenannte älteste Gewerbe der Welt deshalb als das älteste bezeichnet wird, weil damit die Geschichte des Privateigentums begonnen haben dürfte, das dann im Matriarchat zu einer organisierten Form fand. Übrigens herrscht heute noch das Matriarchat in Gegenden, in denen früher, wie beispielsweise im Bezirk Bukitingi auf Sumatra, die Promiskuität üblich war.

Es ist selbstverständlich, daß in der prähistorischen Promiskuität, die in allen Teilen der Alten Welt geherrscht hat, sich das Problem des Ursprungs der altruistischen Empfindungen erst gar nicht stellt. Es ist ja da, als Ding an sich, und muß nicht intellektuell konstruiert werden. Vielleicht erklärt sich das Rätsel, weshalb auf prähistorischen Felswänden überwiegend Tiere, aber äußerst selten menschliche Wesen abgebildet sind, aus der Promiskuität. Denn das Vorbild dazu sind ja die Tiere. Daher gibt es auch keinen vernünftigen Grund, der gegen die Annahme vorgebracht werden könnte, daß die Tierdarstellungen an Felswänden und in Grotten ganz einfach die sexuelle Lustschirm-Herrschaft bei "tierisch"-promiskuösen Zusammenkünften ausübten. Überaus eindrucksvoll dokumentieren die einfühlend gestalteten, teilweise über dreißigtausend Jahre alten Tierdarstellungen, daß ihre Hervorbringer keine Keulen schwingenden Wilden, sondern sensible Leute waren, die zu ihrer natürlichen Umwelt eine tiefe Liebe empfanden. Am Eingeständnis ist nicht vorbeizukommen, daß wir aufgrund der Ausrottung der Tiere und ihrer industriellen Abtötung, im Vergleich zu diesen Vorfahren, hoffnungslos degenerierte Barbaren sind. Die in der griechischen Mythologie noch enthaltene Idee von der Liebe als einer alles verbindenden kosmischen Macht ist das spirituelle Erbe der prähistorischen Menschheit, die mit Atlantis, oder so wie Atlantis in der Antike unterging. Das uralte und in der Antike nur noch mythisch nachklingende Konzept von der Ganzheit, wich zunehmend dem wissenschaffenden Verstand. Dem Verstand also, der um

Erkenntnis zu gewinnen, die Dinge voneinander isoliert. Nostalgischen, ganzheitlichen Auffassungen zufolge, steht am Ursprung der Moderne; im griechischen Altertum, die Loslösung des isolierenden Verstands vom Gefühl für die Ganzheit von allem, was ist. "Der isolierende Verstand fängt damit an, daß er das Ganze der Natur trennt und vereinzelt," eiferte sich der junge Schlegel. (Schlegel, F., *Seine prosaischen Jugendschriften*. Hrsg. von J. Minor, Wien 1882 Bad. I, S. 97). Was in der Antike dieser Verstand im Hinblick auf die Liebe voneinander isolierte, ist Körper und Geist. Die Unterscheidung zwischen körperlicher und seelischer Liebe, und ihre Beziehung zueinander ist seit der Antike das grundlegende Thema der Liebe. Diese Differenzierung wirkt auf allen kulturellen Bereichen bis in die Gegenwart. Die Beatles haben in so gut wie allen ihren Songs die Liebe besungen, jedoch nie die Sexualität. Bei den Rolling Stones ist es wohl eher umgekehrt. Eigentlich entspricht die Unterscheidung zwischen körperlicher und seelischer Liebe der Trennung von Inhalt und Form von Intimität; was nach wie vor und unermüdlich Gegenstand der Erörterung ist. Das Interesse an dieser Differenzierung müßte schon längst erloschen sein. Innerhalb von zweitausend Jahren, so ist zu vermuten, müßte alles hervorgehoben und besprochen worden sein. Das ist auch der Fall. Aber was die Sache immer noch aktuell macht, ist die nach wie vor diagnostizierte Nachgiebigkeit des Verstands gegenüber pikanten Gefühlen. Man könnte auch sagen, daß es um den Gegensatz zwischen Natur und Kultur geht. Hätte nämlich, wie Lichtenberg einmal spitzfindig anmerkte, "die Natur nicht gewollt, daß der Kopf den Forderungen des Unterleibs Gehör geben sollte, was hätte sie nötig gehabt, den Kopf an einen Unterleib anzuschließen?" (Lichtenberg, *Sudelbücher* B 323).
In der Tat hat es die Natur so eingerichtet, daß der vermeintlich Klügere (Kopf) dem Drängen des Unterleibs (Natur) meistens nachgibt, und daher in mensscheitsgeschichtlich existentieller Hinsicht nur Hintergrundfunktionen ausübt. Immerhin verdankt die Menschheit ihren Fortbestand nicht der Kultur, sondern einem "Basic Instinct". Damit wäre schon viel gesagt. Nun hat aber der antike isolierende Verstand im Hinblick auf die Liebe nicht das Verhältnis zwischen Männern und Frauen, sondern die Nuancen des Liebeslebens zwischen gestandenen Männern und Jünglingen im Auge gehabt. Die möglicherweise befremdend anmutenden homoerotischen Offenheiten in griechischen Texten zur Philosophie der Liebe erklären sich freilich

dadurch, daß "tiefe" Gefühle zwischen Männern und Frauen nicht in den vornehmen Alltag dieser antiken Welt paßten. Überdies waren die Beziehungen zwischen den Geschlechtern durch die Kaufehe auf pragmatische Gesichtspunkte ausgerichtet. Verheiratet zu sein war eine Sache der Würde und des Stils. Seitensprünge waren prinzipiell keine Schandtat. Es wurde verheirateten Männern aber vor Augen gehalten, daß so, wie ein Duft Katzen rasend machen könne, verheiratete Frauen rasend werden, wenn ihr Gatte sich anderen Frauen hingibt. Andererseits wurde den Frauen jedoch auch Toleranz anempfohlen. Als Vorbilder wurden ihnen die Gattinnen der vornehmen Perser genannt, die sich bei Tafelfreuden im richtigen Augenblick zurückzuziehen wußten. Nämlich dann, wenn die Männer begannen betrunken zu werden, und die Spielleute und Kurtisanen hereingerufen wurden. Auch für vornehme Griechen waren Frauen eine Kategorie des Habens. "Die Kurtisanen haben wir für das Vergnügen, die Konkubinen für die tägliche Bequemlichkeit, die Gattinnen haben wir, um eine legitime Nachkommenschaft und eine treue Hüterin des Herdes zu haben." (Demosthenos, Gegen Neaira, 122, zit aus Foucault, M., *Der Gebrauch der Lüste*, Bd. II, Frankfurt/M 1990, S. 183). Das pragmatische Verhältnis zwischen Eheleuten schloß geistige Beziehungen aus. Den Männern intellektuell ebenbürtig galten nur die Hetären, so daß in Anbetracht der Umstände nichts selbstverständlicher ist, als eine Öffentlichkeit von sich austauschender Männer. Und damit zur Problematik der Unterscheidung zwischen körperlicher und seelischer Liebe. Die Männer standen nämlich nicht nur redend beisammen und gingen auch nicht nur händchenhaltend die Straßen auf und ab, wie es heute noch in einigen arabischen Ländern Brauch ist, sondern alle Einzelheiten ihres Liebeslebens offenbarten sich völlig ungeniert dem Publikum.

Das ungenierte Treiben ist als abstoßend empfunden worden und hat die Frage nach der eventuellen Existenz von anderen, höheren, edleren Formen der Liebe aufkommen lassen. Gerade bei Platon ist der Wunsch nach ethischer Aufrüstung der homoerotischen Öffentlichkeit ein philosophisches Anliegen. Was ihm auf den Straßen besonders unangenehm auffiel, war die Erschöpfung nach dem Liebesgenuß, die "erbärmliche Schlaffheit" als Folge der Wollust. (Platon, *Nomoi*, 836 d) Als einer, der von seiner Philosophie einmal gesagt hat, daß sie ohne die Liebe zu schönen Jünglingen nicht zustandegekommen wäre, muß es wohl als ein Zeichen der eigenen Läuterung anerkannt werden, wenn er den öffentlichen homoerotischen Förmlichkeiten intellektuelle Substanz hinzugefügt sehen möchte. Denn wer, sagt er, nur den Körper liebt und lüstern ist nach seiner Schönheit, kennt keinen anderen Trieb, als seine Begierde zu stillen, und legt auf die Seele seines Geliebten nicht den mindesten Wert. (Platon, *Nomoi*, 837 c) Diese Einsicht ist übrigens in einer Zeit verfaßt, als noch die Knabenentführungen als Nachläufer archaischer Initiationsriten in Mode waren. Die Knaben mußten ein halbes Jahr lang mit älteren Kriegern in den Wäldern zubringen, auf daß der Samen der stolzen Krieger zum Wohl der Allgemeinheit in ihnen aufgehen mochte. In intellektuellen Kreisen wurden solche Gepflogenheiten verachtet. Wer dagegen die bloße Sättigung des Körpers am Körper für eine Zügellosigkeit ansehe, und wer wahrhaft mit seiner Seele nach der Seele des anderen sich sehne, sagt Platon, praktiziere ein Streben nach Vervollkommnung, Veredelung und Schönheit des Gemüts. (Platon, *Nomoi*, 837 d)

Die wertende Bevorzugung der Liebe als Erkenntnisdrang, bei gleichzeitiger Abwertung der bloßen Körpersättigung, ist ins Konzept des abendländischen Kulturbegriffs eingegangen. Die "cultura animi", von der Cicero spricht, ist auf Erkenntnisstreben und Erkenntnisvermittlung bezogen; auf die Pflege des Geistes und der Seele. Was ein Suchen nach solchen Menschen einschließt, die ebenfalls das Bedürfnis nach Selbstvervollkommnung verspüren. Zum Zweck der Fortentwicklung der eigenen Anlagen und Fähigkeiten empfahl Cicero das Studium der griechischen Philosophie als Mutter aller Kultur. Und eben ein wissenschaffender, erzieherischer Umgang der spirituelle und seelische Güter in die Persönlichkeit des Anderen vermittelt, ist das Liebesideal, mit dem Platon die Knabenliebe kultivieren möchte. Um vom Sumpf der "erbärmlichen Schlaffheit" wegzukommen, die wiederum jener geistigen Unmündigkeit entspricht, die Cicero durch sein Kulturkonzept zu überwinden strebte. Das eigentlich Moderne an der Hervorhebung der seelisch geistigen Dimensionen der Liebe ist die Vorstellung, daß das Leben für die Leidenschaften zu kurz und zu wertvoll ist. Schon Lukrez verdammte in seiner Warnung vor der Liebesleidenschaft die erregenden Liebesgenüsse, die das geistige Gleichgewicht stören würden. Die größte Gefahr aber sah der Dichter im Gefesseltsein an die Vorstellung vom Lieben. In der Verzückung an den Bildern der Liebe, die um so mehr fesseln, wenn das Objekt der Liebe in unerreichbarer Ferne weilt. Des-

halb "sollte man die Bilder verdammen, man sollte der Liebe jegliche Nahrung entziehen, den Sinn auf anderes richten und den gesammelten Saft auf beliebige Leiber verschleudern." (Lukrez, *Über die Natur der Dinge*, Berlin 1957) Man sieht, es geht hier nicht um die Abwendung von der Passion, sondern um ihre Umfunktionierung in eine spielerisch reflektierende Liebhaberei. Statt Passion zu einer Person zu empfinden, ein nur auf das "eine" ausgerichteter Zeitvertreib, der die Gedanken an Wichtigeres nicht sonderlich behelligt; das Vergnügen also. "Du meidest mich und suchst ängstlich nach der scheuen Mutter wie ein verlorenes Rehkitz in den Bergen, das bei jedem Windgeräusch zittert. Ich folge dir doch nicht wie ein furchtbarer Tiger, hör auf, an der Mutter zu hängen; du bist reif für den Mann." (Horaz, 1. Liebesgedicht c I 23) Der Dichter pflegt ein eher belangloses "plaisir", das nicht mit "amour" verwechselt werden sollte. Jedoch ist diese Unterscheidung nur in theoretischer Hinsicht sinnvoll. Denn in der Praxis ist ohne "plaisir" keine "amour" vorstellbar. Jede Liebe ist unweigerlich von dem Moment an am Ende, wenn die spielerische, herausfordernde Theatralik routinemäßigem Verstehen weicht. Eine ganz andere Auffassung ergibt sich natürlich, wenn Liebe vergeistigt, und auf theoretische Ebenen gehoben wird, die von den alltäglichen Gesetzmäßigkeiten der zwischenmenschlichen Kommunikation losgelöst sind. Wenn man Liebe als spirituelle Differenz auffaßt; als etwas zum vitalen Sein kultivierend Hinzukommendes, wird daraus ein Lebensziel. Schon in jedem ernsthaften Verlangen nach der Glückseligkeit und dem Guten erkannte Platon ein Streben nach Liebe. Ein Streben, das als ein ständiges Näherkommen an das Schöne und Gute endlich in der ekstatischen Vereinigung mit dem Schönen und Guten gipfelt. Ähnlich wie in östlichen Vorstellungen ist Liebe im platonischen Denken eine meditative Wanderung. Eine Disziplin, bei der nacheinander verschiedene Eindrücke, menschliche Körper, Gesetze, mathematische Formeln usw. als Schönheitserlebnisse verinnerlicht werden müssen. Zur endgültigen Vereinigung mit den Ideen der übergeordneten Dinge ist im platonischen Denken die körperliche Vereinigung eine natürliche Vorstufe. Also nichts, was nicht zur Liebe dazugehören würde, wie die Metapher "platonische Liebe" gemeinhin mißverstanden wird.
Bleibt die Frage offen, ob sich auf der Basis dieser Vorstufe, dem Niveau beispielsweise, das Horaz so greifbar beschrieben hat, überhaupt mehr entwickeln kann. Daß die Lebenserfahrung schon im Altertum dagegen

sprach, ist daran erkennbar, daß Aristoteles die Philia, die Freundschaft, als geeigneteres zwischenmenschliches Fundament in den Vordergrund seiner Erörterungen über die Liebe stellte. Freundschaft ist bei Aristoteles sogar eine Form der Intimität, die zur Liebe in einem Konkurrenzverhältnis steht. Und zwar als Tugend, die das Gute für den anderen will. Philia bedeutet Annäherung, Vereinigung von Ähnlichem, und war bei den Alten unter dem Gesichtspunkt ihrer Nützlichkeit für das Gemeinwesen Gegenstand der Erörterung. Ein loser Verband, sagte Xenophon, ist eher zu besiegen, als eine Truppe, die aus lauter Liebhabern besteht. (*Kyropädie* VII 1, 30) Mit angemessenen Einschränkungen hätte dem der deutsche Fußballvater Herberger zustimmen können, da ja aus Gründen der Spieltaktik immer wieder forderte, daß die Kicker elf Freunde sein müßten. In der gegenwärtigen Umgangssprache hat das Wort jedoch keine Konjunktur. Als Bundeskanzler Kohl einmal bekundete, daß ihn mit Franz Josef Strauß eine Männerfreundschaft verbinden würde, wurde in der Öffentlichkeit darüber gewitzelt. Obwohl das heute gebräuchliche, neutrale Begriffsrepertoire 'Partner' oder 'Kollege', den klassischen Bedeutungsinhalt der Philia enthält. Ziel jeder Personalpolitik ist es, daß die Mitarbeiter an einem Strang ziehen. Dabei sollen sie sich auch menschlich (männlich) nahe kommen. Freilich nicht zu nahe. Dennoch ist jedem Personalchef bekannt, daß Männer sich von Männern bedrängt fühlen, oder im Namen "freundschaftlicher Verbundenheit" Dinge tun, die gelegentlich sogar hinter Gitter führen. Filz und Korruption sind freundschaftlich betonte Männersachen und beziehen sich auf ein gegenseitiges finanzielles Wohlwollen. Was geradezu auf die Problematik der aristotelischen Freundschaftsliebe als *uneigennütziges* Wohlwollen hinführt.
Die Frage ist nämlich, ob ein uneigennütziges Wohlwollen überhaupt denkbar und möglich ist. Sind doch, was keiner empirischen Beweisführung bedarf, die meisten darauf aus, sich selbst die nächsten zu sein und viel eher geneigt, Wohltaten zu empfangen, als selbst welche zu erweisen. Seit den Anfängen des Privateigentums geht es um Haben und Nicht-Haben. Und das Ich ist seither wertvoller als das Du. Sein wirtschaftlicher, ästhetischer und moralischer Wert hatte und hat, eben weil es um Haben und Nicht-Haben geht, die Werte der anderen zu übertreffen. Um so weltfremder mutet Freuds Feststellung an, daß das Geliebtwerden das Ziel und die Befriedigung bei narzißtischer Objektwahl darstellt. (Freud, S., *Zur Einführung des Nar-*

zißmus, Ges. Werke Bd. X, S. 165) Gibt es eine anders gerichtete Objektwahl? In der alten, kühlen, nichtchristlichen Welt sind darauf in beziehungstheoretischer Hinsicht überzeugende Antworten gegeben worden. In der Abhandlung des sufischen Mystikers Abu Hamid Muhamad über die Liebe wird dazu folgendes gesagt: "In der Tat kann der Mensch nur sich selbst wohltun ... Er gibt nämlich sein Eigentum nur für einen Zweck her, damit man ihm zu Dank und Dienst verpflichtet sei, oder damit er Lob und Ansehen ... oder um die Herzen der Menschen zu veranlassen, sich ihm zu fügen und ihn zu lieben. (Zit. Aus: Gramlich, R.: *Islamische Mystik*, Stuttgart, 1992, S. 105) Dieser beziehungstheoretischen Logik zufolge ist Geben die Anstiftung zum Zurückgeben. Man kann sich darüber einig sein, daß Selbstliebe dabei mit im Spiel ist, was die Uneigennützigkeit zusätzlich unwahrscheinlich macht. Elegant umschifft Aristoteles diesen unbequemen Sachverhalt, indem er direkt auf ihn zugeht und ihn für seine Argumentation vereinbart.

Das Problem ist von dem Moment an gelöst, wenn die beziehungstheoretisch nicht aus der Welt zu schaffende Selbstliebe einen pragmatischen Werkcharakter zugesprochen bekommt. Das Problem löst sich in Luft auf, wenn der Wohltäter, wie Aristoteles darlegt, seine Wohltat als Werk liebt. So wie jemand sich selbst in seinen handwerklichen oder geistigen Hervorbringungen liebt. (*Nikomachische Ehtik*, 1158 a) Aristoteles meint, daß man in den eigenen Werken Freude empfindet. Und, da er zuvor schon die Freude zu den seelischen Zuständen gezählt hat, wird es möglich, die Gegenstände der Liebe als das zu bestimmen, wovon jeder "Liebhaber" ist. (ebd. 1099 a) Damit werden Liebhaber des selbstlosen Gebens zumindest denkbar - als Liebhaber ihrer guten Werke. Umgangssprachlich wird die selbstliebende Selbstlosigkeit bezeichnenderweise mit dem "guten Werk" getan zu haben zum Ausdruck gebracht.

In pragmatischer Hinsicht stellt sich allerdings schnell heraus, daß dies alles nur Theorie ist, daß nicht das freudige Geben, sondern das Haben die Grundlage aller Liebesfähigkeit darstellt. Vereinfachend gesagt, wer nichts hat, kann nichts geben, sich selbst auch nicht. Also noch nicht einmal Selbstliebe. Daher ist es realistisch, wenn im Symposium jeder Liebesfähigkeit das Glücksstreben vorangestellt wird. Das heißt, daß alles, was uns glücklich macht, uns ein Gut ist. (Platon, *Symposion*, c 24/206) Als Liebhaber werden dabei solche bezeichnet, die mit vollem Eifer in einer Sache nach Glück streben. Zu etwas also, was man haben kann: nach Besitz im weitesten Sinne. Bekanntlich machen Güter um so mehr glücklich, wenn sie unser Eigentum sind. Es kann gar nicht genug darauf hingewiesen werden, gesteht auch Aristoteles ein, wie schätzenswert es ist, etwas sein eigen nennen zu dürfen. Und macht eine Bemerkung, die im Hinblick auf das uneigennützig wohlwollende Freundschaftskonzept ernüchternd, bezüglich der Liebe zu den Dingen aber von besonderer Bedeutung ist. "Es ist ja doch nicht grundlos, daß jedermann sich selbst liebt." Das bedeutet, daß der Liebe die Selbstliebe, und der wiederum ein materieller Grund untergeordnet sein muß, der durch Geben in freundschaftlicher Verbundenheit vermehrt werden kann. Mit unüberbietbarer Selbstgefälligkeit hat Perikles diesen Sachverhalt auf die Fahnen der Athener geschrieben. "Wir erwerben unsere Freunde durch Wohltaten. Und gewiß steht der Gebende sicherer da, weil das Gefühl der Verpflichtung im Empfänger durch fortgesetztes Wohlwollen erhalten bleibt." (Thukydides: *Der Pelepponesische Krieg*, Leipzig 1912, S. 149) Aber gerade weil normalerweise die Erwiderung einer Wohltat nicht freiwillige Gabe, sondern schuldige Verpflichtung ist, fährt Perikles mit der unschuldig anmutenden Wendung fort: "sind wir die einzigen, die anderen nicht so sehr im Hinblick auf den Nutzen, als im Vertrauen auf die Früchte edlen Freisinns Vorteile zuwenden." (ebd. S. 149) Natürlich wird im Hintergrund dieser salbungsvollen Beteuerungen an den Wohlgeschmack der hoffentlich sich bald einstellenden Früchte gedacht. Man sollte auch daran denken, daß diese aristokratische Gebermentalität alle Formen des Mitleids ausschließt. Denn bevor jemand sich selbst in seinem gebenden Werk lieben kann, wie es Perikles vorschwebt, werden sich die Empfänger als liebenswert erweisen müssen. Daher stellt Aristoteles auch klar, daß nicht alles Gegenstand der Liebe sein kann, sondern nur das liebenswerte, und als solches gilt, was wertvoll, lustvoll und nützlich ist. (*Nikomachische Ethik* 1156 b) Dementsprechend gibt es zusammenfassend im aristotelischen Denken drei Arten von Philia. Die höchste davon ist jene, die nach dem Wertvollen strebt. Wenn der Freund nicht aufgrund seiner Nützlichkeit oder Lust geliebt wird, wäre die Liebe von Dauer. Aber von Dauer wird dann wohl auch die Langeweile sein, die eine derartige Liebe notgedrungen prägt. Was auf die vorher flüchtig gestreifte Thematik des Plaisirs zurückführen würde.

1.2 CHRISTENTUM UND RENAISSANCE

Der durch Kultivierung homoerotischer Beziehungen geprägte Liebesbegriff des Altertums ist in entsprechend umgedeuteter Form in die christliche Ideenwelt eingegangen. Ist im Alten Testament das Verhältnis zwischen Gott und den Menschen noch durch eine wechselseitige Liebe bestimmt, wird im Neuen Testament die Vorstellung von der Erlösung durch die Liebe verbreitet. Gott wird eine schöpferische Liebe zur Welt und den Menschen zuerkannt, wobei durch das Liebes-Gebot der Menschen zueinander, das selbst die Feindesliebe miteinschließen soll, die Liebe Gottes zu den Menschen erwidert wird. Das theoretische Konzept des christlichen Liebesbegriffs wurde im Mittelalter Gegenstand philosophischer Reflexion und hierarchischer Einteilungsprinzipien, die noch eine unmittelbare Nähe zum Denken Platons aufweisen. Das Fundament bildete die Liebe zu irdischen Erquickungen, gefolgt von der sozialen Liebe des familiären Zusammenhalts. Die dritte Stufe, in den geistigen Bereich einführend, wurde in der natürlichen Liebe zur Schöpfung, und als Krönung, das selbstlose Wohlwollen erkannt. Eine Sache, mit deren Tücken selbst so scharfsinnige Geister wie Aristoteles, wie gesehen, nicht so ohne weiteres zurechtkamen. Noch deutlich den Spekulationen Platons verpflichtet, ist für den Kirchenvater Augustinus alles theoretische Nachforschen ein Suchen nach Gott, und zugleich ein praktischer Erweis der wahren Liebe zu Gott, die als Liebe Gottes zurückstrahlt. Bilder an die folkloren Pfeile Amors tauchen auf, wenn Augustinus sagt: "was für ein Lichtstrahl ist's, der mich trifft, mein Herz durchbohrt und doch nicht verletzt ..." (Augustinus, *Bekenntnisse*, Zürich 1950, S. 15) Die amor dei ist Erkenntnissuche und sehnsüchtige Liebe, die in der mystischen Gottesoffenbarung ihre Erfüllung finden darf, gleichsam als Lohn für alle geistigen Bemühungen. In der berühmten Formel des Bernhard von Clairvaux ausgedrückt: "nicht nämlich wird Gott ohne Lohn geliebt, obwohl er ohne Hinblick auf Lohn geliebt werden soll." (Diers, M., Bernhard von Clairvaux, *Beiträge zur Geschichte der Philosophie und Theologie des Mittelalters*, Münster 1991, S. 234). Etwas moderater verkündete der heilige Thomas von Aquin, daß alles menschliche Handeln zwar auf Zwecke ausgerichtet ist, daß aber der höchste Zweck die Glückseligkeit ist, die sich auf den Besitz des höchsten Gutes, auf Gott gründet. (Wittmann, M., *Die Ethik des Hl. Thomas von Aquin*, München 1933, S. 124). Nun ist aber kein Gott umsonst zu haben. Und gerade die Clairvauxsche Formel ist eigentlich die Selbstlegitimierung eines gläubigen Abzockers. Mit einem betont offenen Augenaufschlag wird bekundet, daß den Seinen der Herr es gibt, wenn sie nur ganz danach streben, sein zu sein. Und um dieses Streben angemessen zu vermitteln, hat sich die Kirche, wie man weiß, materielle Mittel nicht nur erbeten, sondern mit ausbeuterischen bis blutsaugerischen Geschäftspraktiken, dem Ablaßhandel, auch an sich gebracht. Näher zu Gott; zur höchsten Liebe, durch die Hingabe von Geld. Hinsichtlich der etymologischen Wurzelgleichheit von Gott und Gut, ist der Ablaßhandel der Handel mit Glücksversprechungen. Und damit ein Zwischending zwischen Anlagebetrug und einer primitiven Vorstufe primitiver Werbung.

Daß für die mittelalterlichen euphorischen Gottsucher im menschlichen Körper kein Heil sein konnte, erklärt sich aus dem damals herrschenden Gegensatz zwischen der reinen amor spiritualis und der fleischlichen Liebe. Körper und Sinnlichkeit wurden entweltlicht, sind nicht mehr wie im Altertum natürliche Stufen zum Höchsten, sondern der wahren Liebe abträglich, und daher schlecht und böse. Die wahre Liebe ist demnach nur mit geschlossenen Augen erkennbar.

Dieses Konzept ist nicht unwidersprochen hingenommen worden. Gianfrancesco Pico hat leidenschaftlich darauf hingewiesen, daß die Liebe nur aus einer einzigen menschlichen Erkenntnisfähigkeit, "dem Sehen" entspringen kann. (Raith, W., *Die Macht des Bildes, Ein humanistisches Problem bei Gianfrancesco Pico della Mirandola,* München 1967, S. 38). Hier kommt ein Aspekt des Konflikts zwischen "menschlicher Tiefe" und "oberflächlicher Menschheit" zum Ausdruck, von dem später noch ausführlich die Rede sein wird. Aber an dieser Stelle sei schon auf jenen Ehrenkodex hingewiesen, demzufolge wir nicht lieben sollen, was wir schön finden, sondern die Liebe bestimmen soll, was als schön zu empfinden ist. Im letzteren Fall wird nicht gesehen, sondern gewußt, was an der Liebe schön ist. Man kann das als die Weisheit der geschlossenen Augen bezeichnen, die sich ihrer Not bewußt war, und ihren unhaltbaren Standpunkt durch die Konstruktion des Unterschieds zwischen körperlichen und unkörperlichen Sehens zu befestigen suchte. Gerade bei der himmlischen, der wahren Liebe, kommt es ja darauf an, daß nicht gesehen wird, was liebenswert, sondern daß mit geschlossenen Augen die Schönheit der Liebe erfahren wird. Auf der Grundlage des unkörperlichen

Sehens hat das Christentum die Sexualkultur der alten Welt zerstört. Daß der Ehestand sinnliche Liebe auszuschließen hatte, versteht sich vor diesem Hintergrund von selbst.
Allerdings war Jahrhunderte lang die Familie auch nicht der Ort, an dem die sinnliche Liebe beheimatet war. Familie als Wort ist übrigens erst im 17. Jahrhundert in die deutsche Sprache aufgenommen worden. Früher wurden Redewendungen wie "ich und mein Haus" benutzt. Das lateinische familia gehört zu famulus - Diener. Dem pater familias unterstanden, wie heute noch den Mafiabossen, alle Familienangehörige, sowie das materielle Eigentum der Familie. Seinem Wortstamm nach hat Familie mit "setzen, gründen, machen" zu tun. Wozu leidenschaftliche Liebe eher abträglich sein dürfte. Förderlich ist in dieser Sichtweise wohl mehr ein nüchterner Pragmatismus. Und so kann nicht verwundern, daß es erst in neuerer Zeit nicht mehr als schändlich aufgefaßt wurde, seine Frau wie eine Mätresse zu lieben. Aber bei aller körper- und sinnlicher Liebesfeindlichkeit, die das institutionalisierte Christentum propagierte, darf nicht vergessen werden, daß die menschliche Realität eine andere war. Wie etwa die heroischen Liebes- und Leidenschaften der höfisch-ritterlichen Dichtung zeigen, hatte die Erhebung des Geistes über den Körper mit dem tatsächlichen Treiben der Welt wenig zu tun. Überhaupt ist die Vermutung angebracht, daß die spirituelle Trennung von Körper und Geist eigentlich zu nichts weiter als nur zur Heranbildung eines jeweils wirtschaftlich wertschaffenden Spezialistentums geführt hat. Schon im ausgehenden Mittelalter ist Prostitution von kirchlich-staatlichen Instanzen nicht nur geduldet, sondern auch gefördert worden. Und zwar unter dem Druck der Einsicht, daß eine verstopfte Kloake den ganzen Palast zum Stinken bringt. Besonders in den Städten waren, wie neuere kulturhistorische Studien belegen, sexuelle Belästigungen und Vergewaltigungen üblich. Frauen konnten sich nach Einbruch der Dunkelheit nicht mehr auf den Straßen sehen lassen. (Duerr, H.P., *Mythos vom Zivilisationsprozeß* Bd. II, Frankfurt/M 1990 S. 293). Angesichts dieser Zustände wird verständlich, daß so, wie für die Kirche Gott der natürliche Unternehmensgegenstand ist, das Bedürfnis nach himmlisch-sinnlicher Nähe zum Guten zur wertschaffenden Körpergeschicklichkeit der Kurtisanen wurde. Besonders im Zeitalter der Renaissance etablierte sich als logische Ergänzung zur Kapitalquelle Gott, das Bedürfnis nach Sexualität als Schöpferin von Kapital. "Schau, schau, worin doch die Geheimnisse der Zauberkunst bestehen! In unserer Hinterpforte ... Denn die

Hinterpforte lockt das Geld aus den Hosen." (Zit. Aus Ariés, Bejin, Foucault, *Die Masken des Begehrens*, Frankfurt/M 1981 S. 98). Damit die Pforten das Geld aus den Hosen locken, oder sich einstellt, was Nietzsche auf den Punkt gebracht hat: "Das Glück des Weibes heißt, er will" ist also, wie die Kurtisane eben sagte, weibliche Schauspielerei als Köder notwendig. Wie weit diese Art der Geschlechtsdifferenzierung inzwischen gediehen ist, zeigt sich an der Maskulinisierung der Konsumpotenz und der zur Marktentnahme lockenden Feminisierung vieler Dinge. Ganz im Sinne der alten Humoralpathologie, die für die Vergiftung der Körper zurückbehaltene Säfte und für schlechten Charakter Geldbesitz verantwortlich machte. Bezeichnenderweise gilt in südlichen Ländern noch heute, daß ein Mann, der in der Öffentlichkeit mit vollen Händen das Geld ausgibt, vollendete sittliche Anlagen hat. Und auch, daß die Höhe seiner Ausgaben in einem direkten Verhältnis zu seiner Manneskraft stehen.

1.3 LIEBE UND EHE

Während der Renaissance, aber besonders vom 18. Jahrhundert an, verschiebt sich das philosophische Interesse von Gott zur menschlichen Existenz, wobei auch die Liebe unter mehr sachlichen Gesichtspunkten abgehandelt wurde. Vor allem das der Französischen Revolution vorangehende Zeitalter des Rokoko kann als ein wahres Zeitalter der Liebe bezeichnet werden. Freilich ist dabei von der "wahren Liebe", die bislang den ethischen Ton angab, nichts mehr übrig geblieben. Fernab von allen metaphysischen Spekulationen wurde Liebe als Resultat eines natürlichen Triebs betrachtet, der Mensch und Tier zum Genuß einlädt. Beim "homme machine" entsteht Liebe ganz einfach durch die Einwirkung der Nerven auf die Einbildungskraft. Selbst bei Denkern wie Voltaire und Diderot, gewiß keine eindimensionalen Rationalisten, ist Liebe eine antiquierte Angelegenheit. Was zählt, ist körperliche Befriedigung und sonst gar nichts. "Lieben? Geben sie sich damit noch ab? Wollen sie vielleicht geliebt werden? Sie sind zu klug, um sich der Eifersucht und den Launen eines zärtlichen und treuen Liebhabers zu unterwerfen. Nichts ist lächerlicher als solche Leute. Nur sie soll man sehen, nur sie lieben, nur von ihnen träumen und nur für sie geistvoll, fröhlich und reizend sein." (Diderot, D., *Die geschwätzigen Kleinode*, Potsdam 1920,

S. 207). War es schon lächerlich genug, der körperlichen Befriedigung den Aspekt der Liebe beizumischen, galten Liebe und Ehe nach wie vor als absolut unvereinbar. Der schwedische Naturwissenschaftler, Philosoph und Mystiker E. Swedenborg erklärte Ehe und Monogamie als im irdischen Leben für unmöglich. Als Dinge, die später einmal im Himmel nachgeholt werden könnten. Denn erst nach ihrem Tod würden die nach seiner Meinung von Gott füreinander bestimmten Paare endgültig zusammenkommen. (Swedenborg, E., *Leben und Lehre in wörtlichen Auszügen aus seinen Schriften*, Frankfurt/M 1880, S. 419). Sich selbst ganz der "Hurenliebe" hingebend, gab Swedenborg dennoch nie den Gedanken auf, nach seinem Tod mit einer von ihm zutiefst verehrten Dame ehelich vereinigt zu sein. Auch in Deutschland ist die eheliche Monogamie verworfen worden. Wilhelm Heinse verfluchte die Ehe als ein Gesetz für den Pöbel, das den Tod bei lebendigem Leib verursache. Das ist im Ton übertrieben, aber in der Sache nicht unbedingt falsch. Immerhin ist die Liebe naturgemäß von kürzerer Dauer als die Ehe. Das "bis der Tod euch scheidet" will die Dauer einer sozialen Rolle; einer privaten Überlebensgemeinschaft. Was für die Liebe so hilfreich ist, wie eine Kiste JOHNNY WALKER für die Besatzung eines dahintreibenden Rettungsboots, in dem die Wasservorräte knapp zu werden beginnen. Von den deutschen Verhältnissen war selbst Madame de Stael erstaunt, die auf ihren Reisen feststellen konnte, daß sich die Ehegatten ganz friedlich voneinander trennen würden.

Wobei allerdings nicht zu vergessen ist, daß in den Hütten, in denen die Madame nicht verkehrte, Liebe nichts mit Heirat zu tun hatte. Ausschließlich sachliche Kriterien waren bei der Auswahl der Partner zuständig. Männer waren bestrebt, so günstig wie möglich einzukaufen, und Frauen trachteten danach, sich so günstig wie möglich zu verkaufen. Das Mädchen, das sein Herz verschenkt, ist so märchenhaft wie die Seefahrerromantik. Was sich auf der Basis pragmatischer Ehen entwickelte, war ein Verhalten der gegenseitigen Duldung. Vielleicht auch des gegenseitigen Respekts. Mehr bestimmt nicht. Guter Ruf, Mitgift, Fleiß und körperliche Stärke waren weitaus wichtiger als sinnliche Anziehungspunkte. Daran hat sich in ländlichen Gegenden bis heute nichts geändert. Heiratsfähigen Burschen wird gesagt: "schau auf die Brieftasche, nicht aufs Gesicht!" Oder, "man kann Schönheit nicht mit dem Löffel essen!" Auch, daß es viel besser ist, wenn man sagen kann: "He, du Ekel, was gibt's zum Essen?" als: "Sag mir Süße, haben wir denn heute abend etwas zu essen?" Am eindringlichsten ist freilich folgender Vergleich. "Wenn du eine hübsche Frau hast, hast du keine hübschen Schweine ... Weil die Schweine, statt zu fressen, die ganze Zeit die Frau anschauen." (Shorter, E., *Die Geburt der modernen Familie*, Hamburg 1977, S. 1712). Feminine Ausstrahlung scheint nach wie vor tatsächlich kein Qualitätskriterium für seriöse Beziehungen zu sein. In den Heiratsanzeigen gehobener Blätter ist davon nicht die Rede. Frauen lassen allenfalls durchblicken, daß sie entsprechend der Meinung von Bekannten nicht unansehnlich sind. Der semantische Code für Attraktivität wird im Hinblick auf Bekleidungsverträglichkeit geäußert. Wenn sowohl in der Jeans im Freien, wie auch im 'kleinen Schwarzen' auf dem Parkett eine gute Figur gemacht wird. Die Zurückhaltung, die Schönheit beim Namen zu nennen, erklärt sich jedoch aus Furcht vor einem zynischen männlichen Vorurteil, von dem nicht auszuschließen ist, daß es bis in die Antike zurückreicht. Frauen hätten bestimmt keine Probleme mit der öffentlichen Meinung zu leben, daß es ein Verbrechen wäre, schön zu sein. Welcher Mann würde es sich versagen lassen, eine attraktive Verbrecherin zurück auf den richtigen Weg zu führen? Nun wird aber, wie die ewig währende Renaissance der Blondinenwitze bezeugt, (wer war mit der Korrekturtinte auf dem Bildschirm?) weibliche Schönheit als ein Zeichen von Dummheit interpretiert. Dummheit wiederum ist, wie an Stammtischen zu hören ist, nur für das "eine" gut, in wirtschaftlicher Hinsicht aber schädlich. Zweifellos handelt es sich hier um die Nachwehen der Verhältnisse in traditionellen Klassengesellschaften, als zwischen den Schminktischen der hochwohlgeborenen Fräuleins und den Gitterstäben des Schweinestalls noch ganze Kontinente lagen.

Der wirtschaftlichen Aspekten überaus aufgeschlossene Romancier Balzac sah Liebe als Ausdruck einer klassenspezifischen Differenzierung. Als eine kostspielige Sache, die sich die Männer und Frauen aus der Mittelschicht gar nicht leisten könnten. Liebe wäre aber nicht nur aufgrund ausreichender finanzieller Mittel ein Privileg der Oberschicht, sondern auch deshalb, weil nur in entsprechend betuchten Kreisen die dafür notwendigen theatralischen Fähigkeiten kultiviert werden könnten. Unvoreingenommenen Gemütern wäre die Liebe als theatralische Verstellung unzugänglich. Insbesondere deshalb, weil die Gefühle der Frauen nur Rollen wären, die sie gelegentlich spielen würden. (Balzac, H., *Die tödlichen Wünsche*, Zürich 1976, S. 183).

Konsequenterweise könne kein anständiger Mann, der sich nicht ebenfalls verstellt, mit einer solchen Ungewißheit leben. "Man kann niemals entdecken, ob sie freimütig oder hinterhältig ist, ob sie sich lustig macht, oder ob sie in ihren Geständnissen ehrlich ist." (Balzac, H., *Die Frau von dreißig Jahren*, Zürich 1977, S. 154). Diese Ungewißheit ist in der Tat ein Kreuz, an dem Männer schwer zu tragen haben. Ein Autor der Gegenwart sagt folgendes: "Auf ihren Lippen schwebt ein flüchtiges, zufriedenes, träumerisches oder zerstreutes Lächeln. Da es unveränderlich und allzu regelmäßig ist, kann es ebensogut falsch, nur aufgesetzt, mondän oder sogar imaginär sein." (Robbe-Grillet, A., *Die Jalousie*, Reclam 1986, S. 112). Eben diese Interpretationsschwierigkeiten lassen auch die männlichen Kinohelden nicht zur Ruhe kommen. (Sea of Love, Blade Runner, Basic Instinct). Man kann dem Weib nicht auf den Grund kommen, weil es keinen hat. Diese resignative Einsicht Nietzsches ist wohl darauf zurückzuführen, daß es keinen Liebesbeweis gibt. Weder einen logischen noch einen empirischen. Wahre oder falsche Liebe; die Gedanken sind frei und lassen sich durch Befragungen nicht einfangen. Das verstärkt die Verzweiflung. Und das Gefühl, den Gefühlen nicht auf den Grund zu kommen, wirkt dabei wie ein Dauerkatalysator, um den herum sich die Formulierungen absetzen, "ohne daß das Problem dadurch selbst gelöst werden könnte. (Luhmann, N., *Liebe als Passion*, Frankfurt/M. 1982, S. 88) Noch nicht einmal wohlwollende Gaben lösen das Problem. Obwohl die Schmuckwarenindustrie in ihrer Werbung ständig zum Erwerb von "Beweisen" der Liebe auffordert. Solche Beweise sind tückisch. Können sie sich doch, wie Diamanten, in den Händen der Beschenkten verselbständigen und sich gegen die Schenkenden kehren." Diamonds are the girls best friends" singt Marylin Monroe. Sie lassen sich auf dem Markt zu Geld machen und sind damit ein Symbol der Unabhängigkeit. Dazu verhilft die Liebe nicht. Einzig und allein das Geld. Auch für Madonna ist nur der Junge mit dem Geld der richtige Mann. "Weil wir in einer materiellen Welt leben und ich ein materielles Mädchen bin." (Material Girl)
Daß es im abendländischen Kulturbereich in der Ehe bisher hauptsächlich ums praktische Leben ging, zeigt sich eindrücklich in Mittelmeerländern und in Südamerika an einem noch weitverbreiteten männlichen Geschlechtsrollenverständnis. Wenn außer der eigenen Mutter, der Frau und der Tochter alle anderen Frauen Huren sind, wie gestandene Machos, und eben nicht nur die unablässig behaup-

ten, dann ist es nur natürlich, allen anderen Frauen gegenüber, die ja nur so tun "als ob" sie nicht wollen, die eigene Liebesbereitschaft mit allen zur Verfügung stehenden Mitteln kundzutun. Und zwar ganz besonders den Frauen der Oberschicht, deren 'Nein' grundsätzlich als 'Ja' gedeutet wird. Dieses radikal besserwisserische Drauflosgehen zeigt aber nicht nur, daß die Ehe kein Austragungsort für Zügellosigkeiten ist. Das Verhalten der Männer, die sich ihren eigenen Frauen gegenüber einer eher leidenschaftslosen Höflichkeit befleißigen, ist auch ein Hinweis auf die ehemalige Verbreitung der Koketterie im 18. Jahrhundert als Massenphänomen. Die erlaubte es den Frauen, sich in einem ständig wachsenden Kreis von Verehrern zu bewegen, ohne den Werbungen nachkommen zu müssen. Dem Verhalten der Koketterie liegt die felsenfeste Überzeugung zugrunde getäuscht zu werden, und um der Enttäuschung zuvorzukommen, wird selbst getäuscht. Also so getan, als ob alles möglich wäre, bis ein Rückzieher mit dem Hinweis des "zu weit"-Gehens unausweichlich ist. Eine Coquette verführt zu haben, galt daher als Meisterwerk der Liebeskunst. Professionell war ja auch die Theatralik der Koketterie. Ein amüsantes Spiel mit komplizierten Regeln, dem sich heute in überzogener Selbsteinschätzung harmlose Urlauberinnen in dumpf brodelnden Männergesellschaften glauben hingeben zu müssen.

Hinsichtlich des Mißtrauens und den intellektuellen Vorbehalten gegen die Liebe, die im Europa des 18. Jahrhunderts herrschten, mutet es erstaunlich an, daß der Marquis de Sade mit seinen Perversionen die französische Oberschicht schockieren konnte. Offenbar aber schockierten sie deshalb, weil er vorgab, sie als eine besondere Art der spirituellen Liebe zu praktizieren, und sie als Wohltaten deklarierte. Sicherlich entspringt die sogenannte sadistische Liebe dem Wunsch, das Objekt der Liebe lückenlos zu vereinnahmen und total über es zu verfügen. Das ist für unsere Begriffe, weil mit möglicherweise erzwungener Selbstaufgabe verbunden, eine zweifelhafte bis verabscheuungswürdige Sache. Schließlich ist die Seele des anderen als etwas wertvolles und unantastbares zu erachten. Als ein Besitz, dem kein Schaden zugefügt werden darf. Es gilt ja auch die Regel, daß man seine Seele heilig halten muß und sie unter keinen Umständen aufgeben oder gar verkaufen darf. Aber gerade diese Selbstverständlichkeiten will de Sade vom Tisch haben. Bestimmt nicht als erster und auch nicht als einziger. Schon in der Mystik des arabischen Altertums wurde wahre Liebe mit der Aufgabe aller egoistischen Regungen, dem Loskommen vom Ich, und der Lossagung vom Persönlichkeitsgefühl gleichgesetzt. Das zum Geliebten werden ist arabischen Mystikern zufolge das Ziel, das beispielsweise der Falter erreicht, wenn er in der Flamme der Kerze für einen Augenblick lang selbst zur Flamme wird (Ghazzali, A., *Aphorismen über die Liebe*, Istanbul - Leipzig 1943, S. 3). Einer derartig brennenden Liebe ist alles menschliche Elend und selbst der Tod untergeordnet. Daß Nietzsche an diesem Ziel der Liebe war, wird in Ecce Homo bezeugt. "Licht wird alles, was ich fasse, Kohle alles, was ich lasse. Flamme bin ich sicherlich." Aber zu solchen mystischen Tiefgängen drängt es de Sade gar nicht. Der Marquis will nur von den aufgeblasenen Höhen des Kleinlichen; der Seele weg. Der Glaube an die Seele ist für ihn nichts weiter als das Resultat einer böswilligen Manipulation. "Wenn sie den Menschen nämlich eine Seele zusprechen, dann nur aufgrund des Nutzens, den sie aus der Macht ziehen können, die sie sich über diese Seelen anmaßten." (Sade, D. A. F., *Justine und Juliette*, München 1991, S. 109). Das Liebesglück liegt daher in der seelenlosen Lust; in der Heiligung des Egoismus als Überwindung des Egoismus. Dem hätte Hegel vorbehaltlos zugestimmt, der selbst im Zusammenhang einer Erörterung über romantische Kunst und Rittertum ein masochistisches Konzept von Liebe vertrat. Die wahre Liebe bestünde darin, das Bewußtsein seiner Selbst aufzugeben, sich in einem anderen Selbst zu vergessen, doch in eben diesem Vergessen die Erfüllung zu finden. (Hegel, F., *Ästhetik* Bd. II Berlin 1955, S. 532). Volkstümlich gesagt: Ich will anstatt an mich denken, ins Meer der Liebe mich versenken. Aber im Vergleich zu Hegel war der Marquis ein Mann der Praxis, der die Überwindung der Liebe als privates Glück anstrebte. Als Glück, in das sich zwei zurückziehen, statt sich allen anzubieten. Sein Konzept ist die kollektive Verhältnislosigkeit, die in den prähistorischen Zeitaltern der Promiskuität wie selbstverständlich das Verhalten prägte. "Duldet keine anderen Zügel als eure Neigungen, keine anderen Gesetze als eure eigenen Sehnsüchte, keine andere Moral als die der Natur." (Sade, D. A. F., *Die geharnischten Reden*, Dritter Teil, Wiesbaden 1961, S. 41). Dieser Aufruf richtet sich übrigens an Frauen und beinhaltet eigentlich nichts Geringeres, als die Aufforderung zur Abschaffung der Gesellschaft, die ja nur durch Einschränkungen individueller Wünsche möglich ist. Daß aber die Gesellschaft gar nicht abgeschafft werden muß, um uneingeschränkt pervertierte Individualität auszuleben, ist die ketzerische Pointe des Engländers Mandeville. In seiner Bienenfabel wies er darauf hin, "daß das Schlechteste sogar fürs Allgemeinwohl nützlich war." (Mandeville, B., *Die Bienenfabel*, Frankfurt/M 1980, S. 134). Insofern, da private Laster erwiesenermaßen das Wohl der Allgemeinheit fördern. Was heute bestimmt mehr denn jemals zuvor der Fall ist. Kinderprostitution und Drogenhandel haben einigen Gegenden einen anhaltenden wirtschaftlichen Boom beschert. In England galt Mandeville als ein zynischer Einzelgänger. Wurde doch dort im intellektuellen Establishment die Ideetradition der aristotelischen Philia wiederentdeckt. Dem Prinzip der Selbstliebe wurde das auf andere zu projizierende "interesselose Wohlwollen" als Grundlage aller sozialen Tugenden hinzugefügt. Voreingenommenen Besuchern des Königreichs wird diese Tugend freilich als eine spezifisch englische Attitüde erscheinen. Nicht ganz so blutlos war die Forderung englischer Aristokraten, die Beziehungen zwischen Eros, dem Schönen und der göttlichen Eingebung zu intensivieren. Damit waren nicht der sozialen Wirklichkeit, wohl aber dem bürgerlichen Liebesroman die notwendigen intellektuellen Fundamente gegeben, in dem die Liebenden ja immer zugleich auch füreinander wohlgefällige Seelenfreunde sind.

Mit dieser Diskussion wurde die Auseinandersetzung über körperliche und geistige Liebe wieder neu entflammt und besonders in Deutschland polemisch ausgetragen. Für den körperlosen Kant hatte Liebe nichts mit Wohlgefallen, sondern ausschließlich mit Wohlwollen zu tun. Liebe ist für Kant schlicht und einfach die "Maxime des Wohlwollens". Da es keine Verpflichtung gegenüber anderen gibt, Gefühle zu haben, wohl aber die Menschenliebe als Liebespflicht bestehe, wäre der Sinn der Liebe das Wohltun. (Kant, I., *Metaphysik der Sitten* Teil II § 25). Natürlich ist diese provokative Belehrung Ausdruck eines Kulturkampfs. Auch Hegel hat Liebe und Ehe juristisch getrennt. Ehe müßte als die rechtlich-sittliche Liebe betrachtet werden, wodurch das "Vergängliche, Launenhafte und bloß Subjektive aus ihr verschwindet." (Hegel, F., *Ges. Werke* Bd. VII Stuttgart 1964, § 161, S. 240). Wohin aber soll das bloß Subjektive verschwinden, wenn die Enklaven der Privatheit nicht der Ort dafür sein sollen? Auffällig ist, daß die moralisch rechtliche Bestimmung der Ehe als pragmatische Institution in der bürgerlichen Gesellschaft, mit der Institutionalisierung der Subjektivität, das heißt, mit dem instutionalisierten Interesse an den Künsten zusammenfällt. Hier das subjektive Kunstwollen, dort das rechtlich-sittliche Wohlwollen.

Bemerkenswert sind auch die besonders von den Romantikern propagierten Verhaltensregeln, denen zufolge Kunstschaffen und Kunstbetrachtung nicht mit den Mitteln des pragmatischen Verstands behelligt werden dürfen, sondern als "Herzensangelegenheiten" zu gelten hätten. Es geht hier um eine Polarisierung, bei der sich moralisch-rechtliche Auffassungen hinsichtlich von Liebe und Ehe als etwas Gesellschaftlichem, sowie Natur- und Kunsträsonnement als Dinge des Gefühls und des Herzens gegenüberstehen. Die denkbar radikalste Position gegen diese Polarisierung wäre die Intellektualisierung der Sexualität, die dann auch tatsächlich konzipiert und vorgetragen wurde und breiten Anklang fand.

Fichte behauptete, daß keine Ehe ohne Liebe und keine Liebe ohne Ehe denkbar wäre, und daß Frauen heilige Nutten zu sein hätten. "Im unverdorbenen Weibe äußert sich kein Geschlechtstrieb, sondern nur Liebe; und diese Liebe ist der Naturtrieb der Weiber, einen Mann zu befriedigen." (Fichte, *Grundlagen des Naturrechts*, § 4). Auf einem ähnlichen Schleichweg zur männlichen Vollstreckungsgewalt in der Liebe wandelte F. Schlegel, der mit seinem Roman "Lucinde" jedoch einen Skandal entfachte. Schlegel wollte die völlige Aufhebung der Gegensätze zwischen Leib und Seele. Im "beseligenden Liebesaugenblick" würde sich den Liebenden die "Religion der Liebe" offenbaren, die sowohl das Universum wie auch die Liebenden zusammenhält. Der Aufschrei des Entsetzens wurde durch eine theologische Spitzfindigkeit beschwichtigt, die im progressiven Bürgertum bejubelt wurde. Die Umarmung der Liebenden wäre ja zugleich die Umarmung Gottes, wodurch Sexualität die Weihen gottgewollter Mystik erhielt. So unschuldig wie sie wirkt, ist diese Konstruktion jedoch keineswegs. In Wirklichkeit handelt es sich nämlich nur um eine Variante der rechtlich-sittlichen Bestimmung der Ehe, in die sich nun, als erotisch-metaphysische Schwärmerei getarnt, die Verpflichtung zum sexuellen Wohltun einschleicht. Bleibt nämlich die beglückende Umarmung aus, und damit der gottgewollte beseligende Liebesaugenblick, kann es nur legitim sein, mit "sanfter Gewalt" zum Religionsstündchen zu gelangen. Damit sind der Gewalt in der Ehe die rechtlich-sittlichen Tore geöffnet.

1.4 MODERNE BEZIEHUNGEN UND DIE MIMETISCHEN SETTINGS DER LIEBE

In leicht abgeänderter Form könnte das jüdische Sprichwort, demzufolge der Mensch denkt und Gott dabei lacht, der Schopenhauerschen Metaphysik der Geschlechtsliebe vorangestellt sein. Falls nämlich das Lachen Gottes statt aufs menschliche Denken auf das Lieben bezogen wäre. Mit stoischer Resignation glaubte Schopenhauer die ernüchternde Banalität heterosexueller Geschlechtsliebe zu durchschauen, in der er eine übermächtige Erscheinungsform des Weltwillens erblickte, dem die Liebe nur Mittel zum Zweck des Fortbestands der Gattung Mensch ist. Statt sich selbst zu sein, wie sie denken, sieht Schopenhauer die Liebenden als "Fabrikware der Natur". (Schopenhauer, A., *Welt als Wille und Vorstellung*, III, § 36/32). Tatsächlich fühlen sich viele Liebende durch die Geburt eines Kindes ihrer Liebe zueinander beraubt und trennen sich voneinander. Die radikalste Form der Eliminierung dieser Entwicklung ist in der Lehre Buddhas angedeutet; gar nicht erst damit anfangen. "Begehrst du nach der schmerzlosen reinen Stätte, sieh zu denn, daß dir auf der Welt nichts lieb sei." (*Die Reden des Buddha*, Freiburg 1923, S. 217). Was sich zunächst so unmenschlich anhört, ist natürlich die höchste Form der Liebe. Denn wenn einem nichts liebenswert ist, erscheint alles gleich-gültig. Ausgesprochen buddhistisch erscheint auch Schopenhauers Verzicht auf Individualität zugunsten einer allgemeinen Menschenliebe. Aber so wie die Pointe des Märchens vom Hans im Glück darin zu sehen sein dürfte, daß nicht in der Besitzlosigkeit, sondern in der Befriedigung der Bedürfnisse das menschliche Glück liegt, ist auch Nietzsches Polemik gegen Schopenhauer zu verstehen. Nicht im Verzicht auf Individualität, meint Nietzsche, sondern nur in ihrer egoistischen Durchsetzung könne Liebesglück gefunden werden. Die Vereinfachung dieser klassischen These ist in der Theorie S. Freuds enthalten, in der alle Erscheinungsformen der Liebe, auch solche, die sich in kultureller Verkleidung in die Öffentlichkeit begeben haben, auf die Libido sexualis zurückgeführt werden. Wobei man sich daran erinnern kann, daß selbst schon in den ältesten Mythologien die Erschaffung der Welt als so etwas wie ein Triebschicksal dargestellt wird.

Ein Triebschicksal besonderer Art ist die Geschichte des 20. Jahrhunderts, die ja den Übergang von bestialischen Konfrontationen zwischen ideologisch formierten Massengesellschaften, hin zur Selbstdarstellung eines global verbreiteten Individuums beinhaltet. Eines Individuums, das statt kollektiver Ideen die kulturellen Werte käuflicher Dinge verinnerlicht hat. Den frühen Prototyp dieser postmodernen Individualität verkörpert Hamlet, der viel mehr mit sich selbst beschäftigt ist, als die Erwartungen seiner Nächsten zu erfüllen. Das Hamlet-Syndrom ist heute so weit vorangeschritten, daß alle nur noch mit sich selbst und ihren Beziehungen beschäftigt sind. Es handelt sich dabei um eine Entwicklung, die von beiden Weltkriegen begünstigt wurde. Nicht nur materieller Besitz ging in Flammen auf und versank in Schutt und Asche. Auch die Ehe konnte nach Beendigung des zweiten Weltkriegs nicht mehr das sein, was sie einmal war. Bestimmt gibt es sie noch. Aber schon in den 50er Jahren war die Scheidungsrate in Algerien, Israel und Ägypten höher als in den USA. (Goode, W., *Soziologie der Familie*, München 1967, S. 170). In den 60er Jahren ist dann die Ehe von einer eheähnlichen Form, der Beziehung, verdrängt worden. Was allerdings die Problematik der Liebe wie der Liebenden nur verstärkt hat.

Das Elend der Liebenden früherer Jahrhunderte handelte davon, daß sie zusammenkommen wollten, es aber aus Gründen familiärer oder gesellschaftlicher Art und Bedeutung nicht konnten. Es durfte nicht sein. Heute darf es ungehindert sein. Welche Umwandlungen da stattgefunden haben, läßt sich erst erahnen, wenn man bedenkt, daß Jahrhunderte lang Liebesangelegenheiten unter den Augen der Eltern zu gedeihen hatten, und sich das gegenseitige Kennenlernen in gesellschaftlich organisierten Formen vollzog. Am Sonntag nach der Kirche oder beim Abendspaziergang. Beim "von Haus zu Haus"-Gehen, um die Eltern der heiratsfähigen Töchter zu besuchen. Selbst der Brauch des Bettfreiens in den deutschsprachigen Alpenländern, bei dem nichts geschehen durfte, war von den Eltern überwacht. Zur seriellen Monogamie, zum "zu mir oder zu dir" ist es somit ein großer Schritt, dessen Intensivierung zur Enklavenbildung mit einigen Risiken verbunden ist. Sexualität kann bekanntlich Liebe aufkommen lassen, und damit den Wunsch, den Alltag gemeinsam in einer Enklave zu leben. Nach der Abkühlung der Liebe wird jedoch die Lage prekär. Der Beziehung ist die Substanz entzogen. Zudem hat schon längst ein Umkehrschub eingesetzt. In Richtung Konfrontation, die anfänglich von den Liebenden als vollkommen unwahrscheinlich erachtet wurde. Mit der Nähe kommt im Alltag zwangsläufig alles zum Vorschein, was man selbst zu verheimlichen trachtet. Aber der zweiten Person entgeht nichts, so daß nicht ausbleiben kann, daß die Intimität zuerst nur Guckkasten-Bühne ist, dann zum Schauplatz von Irritation und zuletzt zur Kampf-Arena wird. Und spätestens von da an muß Liebesfähigkeit in Konfliktfähigkeit umdefiniert werden. Aber nicht nur wegen dem, was in der Enklave alles so auffällt. Man braucht sich nur einmal vorzustellen, daß Regelverstöße gegen den Anstand im öffentlichen Miteinander: Vogel zeigen, Scheibenwischer etc. strafrechtliche Verfolgungen nach sich ziehen, um zu verstehen, daß die Privatheit der Zweierbeziehung notgedrungen zum Austragungsort kathartischer Entladungen werden muß. Dabei sind neben brutaler Gewalt subtile Kampfmittel im Einsatz. Denn die verletzte, gekränkte, erniedrigte Person wird ihre Selbstbeherrschung nicht so schnell aufgeben, sondern unter dem Deckmantel der Nachgiebigkeit auf Angriffs- und Rachepläne sinnen.

Überhaupt herrscht in jeder Zweierbeziehung, wer sein Temperament zu beherrschen weiß, und angesichts diverser Regelverstöße "cool" bleibt. In den meisten Beziehungen scheint sich das Prinzip herangebildet zu haben, daß das Zusammensein durch ein Gleichgewicht des Wissens einigermaßen kontrollierbar bleibt. Indem sich beide so cool wie möglich unter dem Maskenspiel der Zusammengehörigkeit belauern und belagern. Der Ausbruch von offener Gewalt ist meistens der Beginn eines Schreckens ohne Ende. Schmerz und Leid, und natürlich der Tod, sind jedoch auch die natürlichen Ingredienzen in den kulturellen Manifestationen über die Irrungen und Wirrungen der Liebe. Goethe hat mit den 'Leiden des jungen Werther' ein Genre geprägt, das die Liebe lust-schmerzvoll glorifiziert. Und die im 'Werther' konzipierten Stilmittel von Mann, Frau und Schußwaffe sind, wie ersichtlich ist, wenn man nur einmal kurz den Fernseher einschaltet, das erfolgreichste Stereotyp, das jemals hervorgebracht wurde.

Die immer währende Präsenz dieses Stereotyps dürfte die Vermutung bestätigen, daß die tatsächlichen Gegensätze zwischen den Geschlechtern nichts für die Literatur, und noch viel weniger für den Bildschirm hergeben. Frauen sind irdischer, und somit, in einer nicht wertenden Bedeutung gesagt, kulturell rückständiger als Männer, weil unmittelbar in die Kreisläufe der Natur einbezogen. Frauen verkörpern, ob sie es wollen oder nicht, die organische Logik des Werdens, die Männern verschlossen bleibt. Männer mögen Geschichte gemacht haben, aber ohne Frauen gäbe es keine Männer. Nirgendwo werden die Ursachen des Urkriegs zwischen den Geschlechtern deutlicher als an dieser Trivialität. Wirkliche Gleichheit zwischen den Geschlechtern kann erst dann herrschen, wenn sich der weibliche Körper der Menschwerdung entziehen kann; wenn die Menschwerdung vom weiblichen Körper abstrahiert und zu einer Sache der Technik wird. Einstweilen aber herrscht ein Nebeneinander, das in seiner Gesamtheit so schwer anmutet wie das Wort, das dafür in Umlauf ist. Es gibt Beziehungskisten, die zwischen Hoffnung und Depression schwankend, sich am Telefon über Kontinente hinziehen. Und solche, die in jeder Hinsicht von der Leichenstarre der Normalität des Alltags befallen sind. Kinder, Hypotheken, Streitereien zu Hause, Konflikte am Arbeitsplatz, Zahnarzt und Autoreparatur. Ein Leben mit Pünktlichkeit, Fernsehen und Kreditkarten. So gesehen mag Intimität tatsächlich eine Form der Tyrannei sein. Die entsprechende These läuft ja darauf hinaus, daß sie das Alltagsleben in den Köpfen der Menschen beherrscht. (Sennett, R., *Die Tyrannei der Intimität*, Frankfurt/M 1983, S. 380) Wir können im allgemeinen genau sagen, warum wir diese oder jene Person hassen, jedoch nicht, warum wir mit dieser oder jener Person eine Beziehung aufrechterhalten. Selbst die Beweggründe, die dazu führten, sind im Nachhinein gesehen oft unerklärlich. Natürlich sagen wir, daß gegenseitige Sympathie und Attraktion den Anlaß gaben. Daß es uns die Individualität des anderen antat, und das Bedürfnis nach fortgesetzter intimer Nähe aufkommen ließ. Das stimmt auch. Aber nur insofern, weil gegenseitige Sympathie und Attraktion *auch* Mittel zum Kultur-Zweck sind. Sie kommen nämlich unserem Bedürfnis entgegen, mit Zweisamkeit mimetisch an die kollektiven Bilder der Zweisamkeit angeschlossen zu sein.

Ursprünglich hat Mimesis die Bedeutung von 'Offenbaren', also etwas aus dem Verborgenen hervortreten lassen. (Grassi, E., *Die Theorie des Schönen in der Antike*, Köln 1980, S. 164) Allgemein ist mit Mimesis jedoch Nachahmung gemeint. Auch als körperliche Handlung, oder besser gesagt, Haltung, indem auf etwas gezeigt wird. Als Aufforderung, das Gleiche zu sehen. Worin der Ursprung des Performativen, als theatralische Aktualisierung des Gesehenen angenommen wird. In der Philosophiegeschichte und in den Kunstwissenschaften ist der Begriff von der Mimesis als Wesensbestimmung für die Kunst bekannt. Platon sah in ihr das Abbild der Idee einer Sache. Als "bloße Nachbildung der Erscheinung" (Platon, *Politeia*, 598 b), die vom wahren Sein entfernt ist. In der platonischen Philosophie ist die Mimesis als

Daseinsfaktor in der *Einswerdung mit der Idee des Schönen* vollendet, woraus sich ein entscheidender Zugang zur mimetischen Aktualität ergibt. In einem hohen Ausmaß wird ja in unserer kulturellen Gegenwart die Schönheit des Lebens durch die Einswerdung mit den kollektiven Bildern glücklicher Zweisamkeit erstrebt. Alle kennen diese Bilder. Beispielsweise das Bild vom eng umschlungenen Dahinschlendern an einem tropischen Strand, während gerade am Horizont die Sonne ins Meer versinkt. Oder das Bild vom gemeinsamen Besuch eines richtig romantischen Restaurants. Mit einer Kerze auf dem Tisch und einem Kellner mit diskret gönnerhaftem Lächeln. Oder das Bild von der Kahnfahrt auf einem Fluß. Schwäne die ihre Hälse ab und zu ins Wasser strecken, und ein malerisches Dörfchen mit Fachwerkhäusern im Hintergrund. Das Bild schließlich, vom gemeinsamen Frühstück im Bett. Und Kindern, die mit einem Hund fröhlich auf einer Wiese rennen.

Derartige Bilder sind in unserer Kultur die Bilder der Liebe. Wir kennen diese Bilder aus der Werbung und aus Filmen. Wir haben sie auf unzähligen Ansichtskarten und Kalenderblättern gesehen. Und natürlich auch auf Fotos und Videoaufnahmen, die uns Freunde und Bekannte gelegentlich zeigen. Auch in der unmittelbar sichtbaren Realität des Alltags sind solche Bilder ständig präsent. Man kann daher im Hinblick auf die immerwährende Präsenz dieser Bilder den Wunsch nach Liebe als das Bedürfnis auffassen, sich mit mimetisch orientierten Handlungsstrategien in die kollektiven Bilder der Liebe einzublenden. Das heißt, nicht nur weil wir uns kennenlernen möchten, möchten wir uns kennenlernen, sondern auch, und von Mal zu Mal bestimmt nur deshalb, um für uns selbst wie für andere im mimetischen Bild vom Zweisamkeits-Image in Erscheinung zu treten. Gleichsam, wie in Anlehnung an Schopenhauer zu sagen wäre, als mimetisch programmierte Naturwaren der Kulturbilder.

Hinsichtlich der Dauer von intimer Zweisamkeit zeichnet sich somit eine hochkomplexe Problematik ab. Eingedenk aller notwendigen Relativierungen und Zusätze sind die historischen Formen von zwischenmenschlicher Intimität durch das Streben charakterisiert zusammenzukommen, jede Distanz zwischen sich aufzuheben und körperlich und seelisch eins zu werden. Zu diesen klassischen Komponenten kommt nun das kulturelle Bedürfnis zur Gestaltung einer mimetischen Bild-Praxis hinzu. Die zwangsweise einen Differenzierungsprozeß einleitet. Für die Prozeduren der mimetischen Bild-Praxis sind nämlich hauptsächlich ins Bild passende Eigenschaften erforderlich. Persönliche Eigenschaften sind zweitrangig. Man könnte auch sagen, daß hinzu zum klassischen "am Du zum Ich" werden, das "am Du der Bilder von der Liebe zum Wir werden wollen" kommt, und daß dazu nicht individuelle Innerlichkeit, sondern die An-Dingung an ins Bild passender Persönlichkeit notwendig ist. An-Dingung an Dinge beispielsweise, die einem moderichtigen Partner-Look dienlich sind. Das angedeutete Phänomen läßt sich mit dem Vorhandensein eines kollektiven Körperbilds vergleichen, dessen mimetische Praxis selbst schon Rentner dazu bewegt, den Lebensabend im Fitneß-Studio zu verbringen. Es ist nicht schwer sich vorzustellen, was passiert, nachdem am Du der Bilder von der Liebe ein bildrichtiges Wir zustandegekommen ist.

Der Grund, weshalb sich viele nach einer Weile "nichts mehr zu sagen" haben, erklärt sich durch die begrenzten Auswahlmöglichkeiten der mimetischen Settings. Außerdem ist ihre Wiederholbarkeit begrenzt. Das eng umschlungene Dahinschlendern am Strand, der Besuch im richtig romantischen Restaurant, das Frühstück im Bett, die Kahnfahrt auf dem Fluß etc. sind Dinge, die sich nicht beliebig oft reproduzieren lassen. Es sei denn mit wechselnden Partnern. Wodurch immer wieder die gleiche Ausgangsposition eintritt. Die ständige Wiederholung der entsprechenden Settings, als kulturell bedingter mimetischer Handlungsbedarf, bewirkt dabei eine Extensivierung der zwischenmenschlichen Kommunikation. Es ist einleitend darauf hingewiesen worden, daß durch Einbringung von Persönlichkeit in Funktionszusammenhängen des Alltags erfolgreiche Kommunikation möglich ist. Mit Leuten wohlgemerkt, die man nicht kennt. Woraus das Bedürfnis zur Intensivierung des Kontaktniveaus hergeleitet wurde.

Nun stellt sich vor dem Hintergrund der eben skizzierten Mechanismen jedoch heraus, daß die Bildung von intimer Zweisamkeit zwar dem Bedürfnis nach Austausch von Innerlichkeiten entgegenkommt, daß darin aber nicht die objektive Funktion von Zweisamkeit besteht. Deshalb nicht, weil sich moderne Zweisamkeit als eine Reihe von Settings in mimetischen Funktionszusammenhängen manifestiert. Daß sich bei der Inszenierung der Settings allmählich das ermüdende Gefühl einschleicht, nicht geliebt und nicht verstanden zu werden, liegt in der Natur der ganzen Sache. Nun wird auch klar, weshalb viele Dinge, wie wasserdichte Uhren, allradangetriebene Autos und rund um die Uhr zur Verfügung stehende Bankdienste vom Image unnachahmlicher Individualität, Freiheitsdrang und Verläßlichkeit in Krisensituationen umgeben sind. Ist doch das Image solcher Dinge der An-Dingungspartner für solche persönlichen Eigenschaften, die in den mimetischen Settings eigentlich nebensächlich sind. Das Image vieler Dinge, so ließe sich abschließend sagen, wird daher mehr und mehr zum Partner eines Subjektivitäts-Transfers jenseits der klassischen Liebesbeziehungen. Einer Subjektivität, die überall auf der Welt verstanden wird und dabei ist, eine planetarisch-universale Verständigungsgemeinschaft heranzubilden. Um diese Perspektive näher darzustellen, ist aber zunächst einmal eine erkenntnistheoretische Durchdringung des Wesens der Dinge notwendig.

2 DIE DINGE –
ANNÄHERUNGEN AN DIE PERSÖNLICHE INNENWELT DER AUSSENWELT

2.1 AN-DINGUNG

Ein Ding ist zunächst einmal etwas, das man sehen und berühren kann und das eine bestimmte Form hat. In Wörterbüchern sind jedoch eine Reihe weiterer Bedeutungen hinzugefügt. Dinge, die intellektuell aufgefaßt werden; Gegenstände des Denkens, der Ursprung des Universums etwa, oder die Ursachen der Inflation. Dinge sind auch solche, die im Gedächtnis oder den Gefühlen einen bleibenden Eindruck hinterlassen haben. Eine Urlaubsreise vielleicht, oder so etwas wie "Das obskure Objekt der Begierde", wie ein Film von L. Bunuel heißt. Als ein Ding wird auch ein Gegenstand der Betrachtung aufgefaßt: die Wolke am Himmel oder ein Virus unterm Mikroskop. Schließlich sind Dinge Angelegenheiten, auf die ein Ziel gerichtet ist; der Gipfel eines Berges oder das Erreichen einer Altersgrenze.

Zusammengenommen sind diese Bedeutungen etwas verwirrend. Die Frage ist zulässig, was ein Gegenstand des Denkens an Gemeinsamkeiten mit einer Person oder Sache aufweisen kann; die Idee, eine Tasse Kaffee zu trinken, mit der Bedienung und dem Tisch. Oberflächlich gesehen wenig. Es ist jedoch unter beziehungstheoretischen wie auch pragmatischen Gesichtspunkten betrachtet offenkundig, daß alle Dinge dieser Welt einen sozialen Charakter haben, und daß alles, was es gibt, auch mit Aktivitäten und Absichten verbunden ist. Wir leben in einer Welt, die "voll" von Dingen ist: Dingen mit Symbolcharakter, Vorstellungen, Personen, Aktivitäten und Absichten. Das ist der Grund, weshalb wir nicht einfach nur so da sein können. Die menschliche Realität zwingt uns zum Umgang mit den Dingen. Man könnte aber auch sagen, daß das Vorhandensein der Dinge uns macht, indem sie unser Denken bedingen.

Das römische Wort "res" bezeichnet die Sache, die etwas angeht, oder vielleicht auch nicht; die Angelegenheit, der Streitfall, das Ereignis oder die Person. Und mit eben solchen Dingen setzen wir uns notgedrungen auseinander. An einer Sache wie dem Atommüll oder der Liebe können sich die Geister scheiden. Es gibt keine Sache auf der Welt, an der sie sich nicht scheiden könnten. Gleichbedeutend mit "res" ist das altdeutsche Wort "thing" oder "dinc", das aber bezeichnenderweise auch Verhandlung, Erörterung oder Rechtsprechung bedeutet. Lebendig sind die werttheoretischen und sozialen Bedeutungen der Dinge noch in den skandinavischen Sprachen. Beispielsweise im Schwedischen, wo das Wort "ting" sowohl Ding wie auch Verhandlung bedeutet. Das "Tingshuset" (Ding-Haus) ist das Gerichtsgebäude, wo die Dinge zur Sprache kommen. Auch im Englischen ist die soziale Dimension der Dinge im entsprechenden Wortgebrauch enthalten. (I know these things to handle.) Indem wir die Dinge in theoretischer und praktischer Hinsicht handhaben, und uns dabei im Hinblick auf die anderen etwas denken, sind wir, wie M. Heidegger treffend formuliert hat, im strengen Sinne des Worte die "Be-Dingten". (Heidegger, M., *Einblick in das was ist*, Ges. Ausgabe Klostermann, Bd. 79, S. 20)

Daß das Be-Dingtsein eine konkrete Realität ist, daß es eine Vielzahl von Wechselbeziehungen zwischen den Dingen und dem Denken gibt, kommt unablässig in den Manifestationen der Lebenserfahrungen zum Ausdruck. Wenn man sich vergegenwärtigt, mit welchem unermüdlichen, ja rasenden Eifer Kleinkinder bestrebt sind, sich Dinge anzueignen, drängt sich der Eindruck auf, daß das Leben bis zu jener Phase im hohen Alter, in dem die Dinge nicht mehr so wichtig zu sein scheinen, im Grunde genommen nichts anderes als ein An-Dingen ist. Im Hinblick auf diese Bezeichnung, im weiteren Verlauf als Sinn und Zweck des menschlichen Lebens verstanden, wäre bezüglich der Verwandtschaft zwischen den Dingen und dem Denken hinzuzufügen, daß die in vielen alten Kulturen gepflegte Tradition der Grabbeigabe Dinge des An-Denkens ans irdische Dasein darstellen. Das An-Dingen und die damit verbundenen Aktivitäten materieller oder geistiger Art kann man sich als Prozeduren im Multiversum intersubjektiver Beziehungen vorstellen. Von Chung-tzu, einem chinesischen Philosophen im vierten Jahrhundert vor Chr. wird berichtet, daß er einmal träumte, sich in ein Ding, einen Schmetterling verwandelt zu haben, und sich später darüber wunderte, ob vielleicht er der Tagtraum des Dings, des Schmetterlings gewesen wäre. Es gibt eine Menge von Legenden und Mythen, die eine ähnliche Denkstruktur zum Ausdruck bringen, an denen freilich nichts Mystisches ist. Denn indem die Dinge "da" sind, auch wenn wir sie noch nie gesehen haben und vielleicht nur gelegentlich von ihnen gehört

haben, gehört ihr Ding-Körper zu unserem Ich-Körper und vice versa. Ein anschauliches Beispiel für diese unabänderlichen und grundlegend zur menschlichen Existenz gehörenden Wechselbeziehungen sind UFO-Erlebnisse. Es gibt keine UFO's, trotzdem sind sie "da". Viele haben sie in ihren Träumen gesehen, und einige schwören darauf, in ihnen gereist zu sein. Ob UFO's eine Projektion des kollektiven Unbewußten sind, wie C. G. Jung glaubte, (Ges. Werke, Bd. X, S. 445) oder ob es Raumschiffe von anderen Sternen sind, geht aber am Kern des Daseins der UFO's vorbei. Die Objekte, die da sind und doch nicht da sind, können nämlich als die Urbilder der Dinge aufgefaßt werden, die uns etwas über unsere Dinge zu sagen haben.
In der Philosophie Heraklits wird gesagt, daß sich die Dinge dem Menschen sowohl fügen wie auch ungefügig sind. Daß sie sich von uns fassen lassen, und uns bald darauf nötigen, wieder von ihnen zu lassen. Daß wir immer in Unruhe sind, weil wir den Dingen nachstellen müssen, zugleich aber von ihnen bedrängt werden. Auch, daß wir von ihnen ergriffen werden, wenn wir zu ihnen gehen, um sie zu begreifen. (Heraklit, *Fragmente*, B17, B72). An dieses urbildliche Wesen der Dinge erinnern uns die UFO's. Sie haben viele in höchste Unruhe versetzt, sowie Wissenschaftler, Journalisten, Filmemacher und Unterabteilungen ganzer Regierungen in Bewegung gesetzt. An-Dingung ist bewegte Unruhe. Das Gegenteil davon ist der Tod. Der Tod kann nicht abgeschafft, aber durch An-Dingung kann das Denken an den Tod auf Distanz gehalten werden. Gerade das archaische Streben nach monumentalen Dingen ist ein Mittel zum Leben, indem das ernüchternde Bild vom Ende der menschlichen Existenz durch das Bild von Bewegung und Unruhe überblendet wird, das mit der Erschaffung großer Dinge verbunden ist. "Voller Gestank das Fleisch ihm verwest. In eine ekelerregende Flüssigkeit sich verwandelt, in einen Knäuel voll wimmelnder Würmer. So endet der Mensch." (*Ägyptisches Totenbuch*, München 1955, S. 248). Denken wir im Vergleich dazu an die Szenarien menschlicher Bewegung und Unruhe, die uns zum Bau der Pyramiden, oder im Hinblick auf die Errichtung der Chinesischen Mauer einfallen mögen. Hören wir dazu einen fiktiven Zeugen. Die Arbeiter "sahen auf der Reise hier und da fertige Mauerteile ragen, kamen an Quartieren höherer Führer vorüber, die sie mit Ehrenzeichen beschenkten, hörten den Jubel neuer Arbeitsheere, die aus der Tiefe der Länder herbeiströmten, sahen Wälder niederlegen, die zum Mauergerüst bestimmt waren, sahen Berge in Mauersteine

zertrümmern ..." (Kafka, F., *Beim Bau der Chinesischen Mauer*, in: Sämtl. Erzählungen, Frankfurt/M 1970, S. 334). Der Gegensatz zum Bild vom irdischen Ende im Ägyptischen Totenbuch ist mehr als kraß. Zweifellos diente der Bau der Chinesischen Mauer, neben vordergründigen Motiven, auch zur Erzeugung von lebensnotwendiger Bewegung im Innern des Reichs. So wie ja auch die Pyramiden nach wie vor Werke zur An-Dingung, zur Erzeugung von menschlichen Aktivitäten sind. Über der Tatsache, daß sie in ihrem Innern Tote beherbergten und beherbergen, wird leicht vergessen, daß es eigentlich nicht überdimensionierte Grabkammern, sondern zeitüberdauernde Symbole der An-Dingung sind. Wobei ergänzend angemerkt werden könnte, daß die Stabilität der alten Welt darauf gegründet war, daß die Dinge eine längere Dauerhaftigkeit verkörperten als das menschliche Leben. Und, daß die stabile Unruhe der Gegenwart auf das An-Dingen an die symbolische Bedeutung der Dinge zurückzuführen ist.

2.2 DAS ZEITALTER DER DINGE

Schon am Ende der 50er Jahre, als der Kalte Krieg zwischen den hermetisch voneinander abgeschotteten Machtblöcken am eisigsten war, konnte aufgrund der Internationalisierung der Medien und dem zunehmend grenzüberschreitenden Markt für Konsumgüter eine radikale Richtungsänderung kulturhistorischer Entwicklungsabläufe diagnostiziert werden. Wohl auch im Hinblick auf das sich zu vereinende Europa stellte E. Jünger fest, daß "alte Sonderungen verschwinden. Die Menschen werden sich ähnlicher, nicht nur im Weltstil des Denkens und Handelns, sondern auch im Habitus." (Jünger, E., *An der Zeitmauer*, Stuttgart 1959, S. 302) Jünger erkannte in seiner Zeitdiagnostik, daß das Wort 'Mensch' an der Schwelle einer kulturhistorisch neuartigen Bedeutung stand, die bisher nur in der Philosophie, im Kultus oder im Mythos ausgeprägt war.
Dabei übertrifft die tatsächliche Entwicklung die kühnsten Spekulationen. Die späten 50er Jahre sind im Nachhinein gesehen der Beginn des planetarischen Individuums, das die Geschichte des 20. Jahrhunderts abschließt. Statt ideologisch formierter Massengesellschaften gibt es heute eine persönlichkeitsorientierte Individualität, die durch die Symbolkraft käuflicher Dinge danach strebt, sich von ande-

ren zu unterscheiden. Am Ende dieses Jahrhunderts wird auch erkennbar, daß der sogenannte amerikanische Kulturimperialismus, auch als Massenkultur abgehandelt - das sozialästhetische Haßobjekt linker und konservativer Intelligenz - das Embryo einer globalen Glaubensgemeinschaft des irdischen Heils war. Der hüftenschwingende Elvis, die betont offenherzige Marylin Monroe, John Wayne und die Mickey Mouse, die COLA und die CAMEL; alle diese Dinge, die vom Piedestal des abendländischen Kulturbewußtseins als regelrecht gefährlich für den Fortbestand einer denkenden Menschheit eingestuft wurden, waren der Anfang einer menschenverbindenden irdischen Mythologie, die heute überall auf der Welt ihre Produktionsstandorte und Verkaufsstellen hat. VISA Karte, RALPH-LAUREN-Polo-Hemden, CALVIN-KLEIN-Parfüms, Michael Jackson, TOYOTA-Autos, Madonna, SWATCH-Uhren, MARLBORO-Zigaretten, SONY-Geräte, BENETTON-Strickwaren, McDONALDS-Hamburger usw. sind Dinge, die sich selbst und ihre Besitzer bzw. Konsumenten als Vermittlungsträger der planetarischen Individualität ausweisen. Einer Individualität, die in Sydney, Toronto, Tokio, Lima, Rom, Moskau und Johannesburg so wie in Stadtteilen eines postantiken Athens, das sich über die ganze Erde ausgebreitet hat, unablässig sich selbst begegnet.

Die in vergangenen Epochen und gelegentlich noch heute beschworene Macht des Geistes, die Religionen, philosophische Richtungen und ganze Weltanschauungen hervorbrachte, ist durch den Geist von eigentlich ganz gewöhnlichen Dingen abgelöst worden. Einer geschichtlich neuartigen Macht des Geistes, die einen unumkehrbaren Prozeß eingeleitet hat, der Religionsstiftern, Philosophen, Staatsmännern und Wissenschaftlern immer nur andeutungsweise geglückt ist. Und zwar hin zur Existenz einer planetarischen Verständigungsgemeinschaft, die sich im Wissen um die Dinge irdischer Werte einig ist.

Bei all dem handelt es sich um den vorläufigen Höhepunkt einer Diskrepanz, die am Anfang dieses Jahrhunderts G. Simmel als eine Steigerung der Kultur der Dinge bei gleichzeitigem Zurückbleiben der Kultur von Personen erkannt hat. Simmels Überlegungen verdienen einer genaueren Betrachtung. Simmel ging davon aus, daß in den materiellen Kulturgütern, wie Möbel und Kulturpflanzen, Kunstwerken und Maschinen, Geräte und Bücher unser eigenes, durch Ideen entfaltetes Wollen und Fühlen einbezogen ist. Simmel verwendet in diesem Zusammenhang den Begriff der "Kultivierung", den er als einen Prozeß der Hinzufügung auffaßt, bei dem das innere und äußere Wertmaß der Dinge gesteigert wird, und, theoretisch zumindest, Individuen in entsprechender Weise beeinflußt. Statt dessen stellte Simmel jedoch eine Diskrepanz fest. Dahingehend, daß Dinge, die das tägliche Leben sachlich erfüllen und umgeben: Geräte, Verkehrsmittel, Produkte der Technik, der Wissenschaft und der Kunst kultiviert wären, die Kultur der Individuen hingegen im Vergleich dazu zurückgegangen wäre. Als Beweis für diese These diente ihm die Verflachung des sprachlichen Ausdrucks, und die Nivellierung des geistigen Niveaus in den Oberschichten. Jedoch auch, "daß die Maschine so viel geistvoller geworden ist als der Arbeiter." (Simmel, G. *Philosophie des Geldes*, Leipzig 1907, S. 505). Durch alle Bereiche des gesellschaftlichen Lebens verfolgte Simmel diese Diskrepanz. Bis hin zu den Wissenschaften, die er dahingehend kritisierte, daß mit Begriffen und Vorstellungen gearbeitet würde, verschlossenen Gefäßen gleichsam, die von Hand zu Hand gingen, ohne daß deren Sinn und Inhalt den Benutzern vollständig bekannt wäre.

Den Grund zur Diskrepanz zwischen dem hoch entwickelten Geist der Dinge und der Verflachung des Geists von Personen erkannte Simmel in zunehmender Arbeitsteilung und Spezialisation. Gut hundert Jahre später kann man sagen, daß es inzwischen tatsächlich den Kenntnissen der Spezialisten bedarf, um wirklich zu verstehen, was wir beispielsweise beim Essen alles in den Mund schieben. Ganz zu schweigen von der Funktionsweise eines Computers. Es ist nicht notwendig, auf all das näher einzugehen. Die Andeutungen genügen vollkommen, um ein sehr aktuelles, überlebensnotwendiges Prinzip nachvollziehen zu können. Wenn die Lebenserfahrung der Allgemeinheit immer wieder hervorhebt, daß man "nichts mehr verstehen kann", wenn die postmoderne Pluralität der Realitätsformen sehr verunsichernd wirkt, und das ist zweifellos der Fall, bedarf es objektivierter Souveränität, um das Ganze zusammenzuhalten. Und eben diese Funktion wird von der Persönlichkeit der Dinge ausgeübt. Gäbe es sie nicht, wären wir nichts. Dinge wie das Parfüm im Schaufenster der Parfümerie, oder das neue Automobil im Verkaufsraum des Händlers, sind souveräne Objekte, die mehr sind, als wir sind. Erst durch ihre Persönlichkeit hat unsere Individualität eine Chance, selbst persönlich zu werden. Wir werden, global gesehen, erst durch die Persönlichkeit der Dinge kultiviert.

Natürlich wirken gleichzeitig völlig entgegengesetzte Tendenzen. Der Globalisierung, der wirtschaftlichen und kulturellen Vereinheitlichung der Welt steht beispielsweise ein überwunden geglaubter Nationalismus entgegen. Die überall brodelnden Nationalitätenkonflikte sind Ausdruck eines Bedürfnisses nach Differenzierung, das auf anderen Ebenen in der individuellen Selbstdarstellung zu Wort kommen will. Dabei herrscht neuerdings überall auf allen Daseinsbereichen das paradoxe Prinzip der Differenzierung bei gleichzeitiger Annäherung. Je ähnlicher wir uns werden in unserem Denken und Handeln, und nicht zuletzt auch im Hinblick auf unser äußeres Erscheinungsbild, desto mehr entsteht das Bedürfnis nach einem Rückzug auf das, was uns von anderen unterscheidet. Aber wie können wir uns noch voneinander unterscheiden? Nicht wie andere gekleidet sein. Mal wo hinfahren, wo die anderen nicht hinfahren. Bücher lesen, die nicht die anderen lesen. Etwas sein, was kein anderer ist. Etwas tun, was die anderen nicht tun. Alles sehr natürliche Bestrebungen; aber ganz einfach Dinge der Unmöglichkeit. Wir sind uns schon zu ähnlich geworden, um uns noch voneinander zu unterscheiden. Denn im selben Ausmaß, wie sich die Frage nach dem Original einer Sache erübrigt, weil jedes Bild mit anderen Bildern, jedes Buch mit anderen Büchern, jedes Musikstück mit anderen Kompositionen, jeder Stil mit anderen Stilrichtungen, kurz, weil in jeder Sache tausend andere über die ganze Welt verbreitete Sachen stecken, wird Differenzierung notgedrungen zur differenzierten Annäherung.

2.3 SPIEGEL UND WELT

Ohne unsere Dinge wären wir nichts. Wie jedoch auch ohne die Anderen unsere Dinge nichts wären. Wir hätten dann zwar Dinge, außer uns selbst gäbe es aber niemand, von dem sie anerkennend bewertet würden. Die teuersten und schönsten Dinge, die es zu kaufen gibt, wären wertlos. Diese Einsicht kommt in der Verlegenheit zum Ausdruck, wenn die Frage gestellt wird, was wir auf eine von Menschen verlassene Insel mitnehmen würden. Alles, womit wir uns im Alltag als uns selbst unserer Umgebung erkenntlich zeigen, hätte auf der Insel keinerlei Funktion. Wir würden mit unseren Dingen auf der menschenleeren Insel den gleichen Tod wie alternde Hollywood-Stars sterben, die hinter hohen Mauern und vergitterten Fenstern mit ihren Dingen allein sind. In diesem Zusammenhang wird eine der merkwürdigsten Realitäten im kulturellen Dasein erkennbar, die den Wechselbeziehungen zwischen Differenzierung und Annäherung eigentlich vorangestellt sein muß. Wenn man der Auffassung zustimmt, daß Schmuck vordergründig dazu da ist, der Umgebung angenehm aufzufallen, muß festgestellt werden, daß wir uns zwar selbst schmücken, im weitesten Sinne des Wortes - auch die symbolische Selbstergänzung ist Schmucksache - dies aber nur tun, indem wir uns für andere schmücken. (Simmel, G., *Exkurs über den Schmuck*, in: Soziologie. Untersuchungen über die Formen der Vergesellschaftung, Berlin 1958, S. 278). Im Streben durch unsere Dinge der Umgebung zu gefallen drückt sich stets die egoistische Hoffnung aus, daß die mit dem Erwerb der Dinge einhergehenden Mühen und finanziellen Ausgaben in Form einer gesellschaftlichen Anerkennung zurückstrahlen. Wer mit einem Unterton der Bescheidenheit behauptet, eine CARTIER-Uhr nur für sich selbst gekauft zu haben, bringt eine ähnliche Ungereimtheit zum Ausdruck wie jene, die vorgeben, einen Roman nur so für sich selbst geschrieben zu haben. Nur darin liegt der Wert der Dinge, mit denen wir uns zeigen, weil wir hoffen, daß sie uns als bedeutungssteigernder Persönlichkeitswert hinzugerechnet werden. Daraus läßt sich sogar ein Existenzbeweis herleiten. Denn erst wenn wir sehen, daß andere sehen, was wir haben, wissen wir, wer und was wir sind.

Die mündliche und finanziell günstigere Variante dieses Prinzips drückt sich in der zur Mode gewordenen Gewohnheit aus vorzugeben, jemanden zu kennen, der wiederum jemanden mit einem hohen Bekanntheitsgrad kennt. Sich selbst mit dem Namen anderer zu schmücken, bringt den Wunsch zum Ausdruck, daß sich die Strahlen des Namens der Berühmtheit in den Köpfen der Zuhörenden brechen, um daraufhin in gebündelter Form und selbstwertsteigernd auf die eigene Person zurückstrahlen. Vielleicht ist das armselig und lächerlich. Es wäre jedoch unschicklich, solchen Wichtigtuereien die Anerkennung zu versagen. Nichts ist für unseren Selbstwert schlimmer als der Verlust der persönlichen Anerkennung; wenn statt selbstwertsteigernder Bewertungen das Selbstwertgefühl durch solche Bewertungen leiden muß, die "hinter dem Rücken" gemacht werden. Allein schon durch diese Ausflüge in die Welt des allzu Alltäglichen dürfte ersichtlich geworden sein, daß Persönlichkeit, persönliche Identität, Individualität, oder wie auch immer man das eigene Selbst als vermeintlich eigenständiges Ding an sich bezeichnen möchte, eigentlich gar nichts Eigenständiges sein kann. Und zwar deshalb nicht,

weil wir in einem sehr wörtlichen wie auch übertragenen Sinn immerzu im Hinblick auf andere in den Spiegel schauen müssen.
Die Logik dieses Blicks ergibt sich aus der Struktur der menschlichen Kommunikation. Bei Tieren besteht Kommunikation bekanntlich darin, daß ein Individuum bestimmte Laute oder Gesten hervorbringt, und ein anderes einem Instinktmechanismus folgend, darauf reagiert. Menschliche Kommunikation bedient sich der Sprache, konventioneller Symbole, die in keinem direkten Zusammenhang mit dem Inhalt der Kommunikation stehen. Auf dieser Grundlage kann Verständigung nur dann zustandekommen, wenn ein bestimmtes Symbol sowohl für den Sprecher wie auch für den Hörer die gleiche Bedeutung hat, und beide wissen, daß dies der Fall ist. Aber wie kann die angelegte Bedeutung im Mitgeteilten, die ja selbst nicht in Worte gefaßt ist, als verstanden vorausgesetzt werden? Es geht ja in den meisten Fällen nicht nur um die Übermittlung von Informationen, z.B. der Uhrzeit, sondern auch um die Übermittlungen von Bedeutungen, die mit der Verlautbarung einer bestimmten Uhrzeit verbunden sein können. Wenn etwa einem Kind gesagt wird, daß es soeben acht Uhr abends ist. In der Kommunikationsphilosophie H. Meads wird uns dazu gesagt, daß der Sprecher bemüht ist, seine eigenen Äußerungen so wahrzunehmen wie er denkt, daß sie der Hörer wahrnimmt, indem er sich an die Stelle des Hörers versetzt. Damit ist die Strukturgleichheit zur mentalen Situation vor dem Spiegel klar. H. Mead sagt, daß der Mensch sich selbst nicht sprechen hören kann, "ohne in gewisser Weise die Haltung einzunehmen, die er eingenommen hätte, wenn andere sich mit denselben Worten an ihn gewandt hätten." (Mead, H. *Ges. Aufsätze Bd. I*, Frankfurt/M 1980, S. 245). Mead nennt diese Haltung das 'taking the attitude of other', also die Haltung des anderen einnehmen. Nicht zu vergessen wäre, daß ein einzelnes Subjekt nicht nur die Position eines einzelnen anderen, sondern sehr wohl auch die Position und Erwartungshaltungen einer ganzen Gemeinschaft von Individuen annehmen kann. Kommuniziert wird in diesem Fall mit dem "generalized other". Dementsprechend wäre die Situation vor dem Spiegel die, daß sich der Schauende *in* die Augen der Schauenden versetzt.
Der Blick von anderen, den wir spüren, wenn wir in den Spiegel schauen, ist aber wiederum das, was uns aus den Dingen heraus anschaut. Unser Planet, von dem angenommen wird, daß es einmal ein Planet der Affen war, ist dabei, sich zu einem Planeten einander Sehender,

und im einander Sehen sich selbst wiedererkennender Monaden zu werden. Wovon noch ausführlich gesprochen wird. Vorläufig ist jedoch zusammenzufassen, daß alle klassischen Theorien vom Anderen absolut zu Recht davon ausgehen, daß der Andere derjenige ist, der mich ansieht. Woraus sich der Ursprung jeglicher Interpretation und Selbstreflektion ergibt. Schließlich muß man sich darüber im klaren sein, was der Blick der Anderen bedeutet. Und nur aus diesem andauernden Erklärungsnotstand leitet sich der Gebrauch des Spiegels ab. Nun geht aber der Blick des Anderen, der mich im Spiegel ansieht, über den Rahmen des Spiegels hinaus, schweift über die Kleidung im Schrank und die persönliche Situation im allgemeinen. Und indem jemand sich so ein Bild von uns macht, sehen wir uns selbst in der Persönlichkeit unserer Dinge, die den Blick erwidern. Und wenn wir andere sehen, ihr Auto zum Beispiel, sagen ihre Dinge zu uns: "Du kennst mich doch." Denn um sie zu kennen, sind ja die Dinge da, daß 'man' sich in sie hineinversetzt, bzw. sich in sie einfühlt. Die Dinge werden damit stellvertretend für Personen. Nur wenn die Dinge und ihre Bedeutungen nicht den Stellenwert hätten, der ihnen heute zugerechnet werden muß, wäre M. Heidegger zuzustimmen, daß das Miteinandersein im 'man' das eigene Dasein in der Seinsart anderer aufgehen läßt. Und zwar so, daß andere ihre Unterschiede verlieren. (Heidegger, M., *Sein und Zeit*, Klostermann Ausgabe Bd. II, S. 169).

Da nun aber im Zeitalter der Dinge die Dinge es sind, die uns unentwegt daran erinnern, daß sie für uns da sind, wird das 'man' zum ethischen *Vorbild* für ein Leben mit den Dingen. Den neuen MERCEDES muß man ganz einfach einmal zur Probe gefahren haben. Mit einer ROLEX kann man sich an jedem Strand der Welt zeigen. Mit der AMEX ist man überall ein gern gesehener Kunde. COCA-COLA schmeckt nicht, wenn man sie nicht kalt trinkt. Beim New York Marathon sollte man einmal mitgemacht haben. Damit ist die Durchschnittlichkeit als Einebnung, die Heidegger zu seiner Zeit im Auge hatte, überwunden. Denn im Zeitalter der Dinge sind wir das Raumschiff, in dem man im Alltag um die Dinge kreist, und ihre planetarische Zugänglichkeit ist der Raum, in dem wir uns in personifizierten Dingen begegnen.

2.4 TAUSCH, ROMANTISCHE LIEBE UND SYMBOLISCHE SELBSTERGÄNZUNGEN

Der Zusammenhang zwischen Personen und symbolträchtigen Dingen, als Vermittlungsträger des Selbstkonzepts, ist in seinen Umrissen schon in der Bedeutung des griechischen Worts 'symbolon' enthalten. In seiner ursprünglichen Bedeutung ist ein Symbol ein aus zwei Teilen Zusammengeworfenes. Genau genommen ist ein Symbol also kein Zeichen 'von' etwas sondern ein Zeichen 'aus' etwas. Unverkennbar zeigt die Bedeutung des Symbols als etwas aus zwei Teilen Bestehendem ins Umfeld jenes Mythos vom Ursprung der Liebe, demzufolge die Menschen einstmals kugelgestaltig waren, getrennt wurden und seither ihre verlorenen Hälften suchen. Es liegt auf der Hand, daß dieses Suchen nur dann Erfolg haben kann, wenn die eigene Hälfte, diejenige, die noch getrennt ist, sich als suchendes Selbst entsprechend symbolisieren kann. Wenn das Selbst sich in einem weitgehend semiotischen Sinn zur Liebe erkenntlich zeigt. Dabei fällt eine Strukturgleichheit zwischen dem Konzept der romantischen Liebe und der rationalen Logik des Warenaustauschs ins Auge. Die Suche nach dem Teil von sich selbst, das irgendwo da draußen genauso sehnsüchtig darauf aus ist, sich mit seinem fehlenden Teil zu vereinigen, entspricht dem Interessenverhältnis zwischen Käufer und Verkäufer. In beiden Fällen wird ja gesucht, um selbst gefunden zu werden. Und zwar, wie H. Mead im Hinblick auf den Tausch als Kommunikationsmethode gesagt hat, indem man in sich selbst die "Haltung der anderen Person" auslöst. (Mead, H., *Geist, Identität und Gesellschaft*, Frankfurt/M. 1968, S. 340)

Das nach Lieben suchende Selbst sucht das fehlende Wesen, und Verkäufer hegen die Hoffnung, daß Käufer auftauchen mögen, die bei ihnen das finden, was ihnen noch "fehlt". Häufig überschneiden sich die Kategorien. Es gibt nach Liebe Suchende, die sich selbst als illusionslose Realisten bezeichnen, und Geschäftsinhaber, die hart am Rande der Existenz von Hoffnung auf Umsatzbelebung leben. Man könnte in diesem Zusammenhang darüber spekulieren, ob das Bedürfnis etwas herzustellen, um es anderen anzubieten grundsätzlich mit dem Bedürfnis nach Liebe verbunden war und vielleicht immer noch ist. Immerhin ist nachvollziehbar, daß, zumindest in vorindustriellen Zeitaltern, Händler ihrer Dinge wegen und Käufer aufgrund ihrer Tauschmittel begehrt werden wollten. Außerdem ist jede Sache, die auf einem Markt oder einer marktähnlichen Situation angeboten wird, sofern es sich um einen Artefakt handelt, die Antwort auf eine Frage, die sowohl nach Liebe und nach Käufer Suchende gleichermaßen verbindet. Die Frage, wie soll ich es tun, damit sie (die Ware), oder mich selbst jemand findet, der sie (die Ware), bzw. mich selbst haben möchte.

So gesehen ist, in einer nicht wertenden Bedeutung gesagt, jede marktähnliche Situation ein Kontakthof, auf dem das Suchen und das Finden zur Einheit werden wollen. Die Ware selbst symbolisiert die se Einheit. Ihre aus zwei Teilen bestehende Einheit, man könnte auch sagen dem 'symbolon', entspricht die Vereinigung ihres Wertes - dem Tauschwert mit dem Gebrauchswert. Bestimmt sind die in dunkle archaische Vergangenheiten zurückreichenden Wurzeln der modernen Waren Marx nicht verborgen geblieben. Am Beginn über den "Fetischcharakter" der Ware nimmt Marx ihre "theologischen Mucken und metaphysischen Spitzfindigkeiten" mit einem Seufzer zur Kenntnis. Andere waren von dieser Dimension der Dinge regelrecht fasziniert. Die Macht der "Warenseele" schreibt Benjamin, "wenn es sie gäbe, wäre sie die einfühlsamste die im Reich der Seelen vorkäme, weil sie sich überall nach jemandem sehnt, der sie kauft." (Benjamin, W., *Charles Baudelaire*, Frankfurt/M 1969, S. 58). Tatsächlich steckt in jedem Ding, das angeboten wird, eine Einfühlung in die Innen- und Außenwelt derer, von denen angenommen wird, daß es ihnen fehlt. Was wiederum der Sehnsuchtspraxis der romantischen Liebe entspricht. Etwa, wenn nachts von einer Anhöhe aus, beim Anblick des aufgehenden Mondes ein Lied angestimmt wird, von dem der sehnende Sänger überzeugt ist, daß es tief in die Seele des geliebten, aber leider entfernten Wesens eindringt, das auch gerade eben den Aufgang des Mondes betrachtet. Gewiß sind solche Praktiken aus der Mode gekommen. Nach wie vor streben wir jedoch danach, *durch* unsere Dinge erhört zu werden. Und zweifellos sind sie, so wie früher einmal die Dinge der Natur, von unseren Wünschen, Absichten, Hoffnungen und Sehnsüchten beseelt. Ästhetisiert sind sie dazu, was zum Zweck ihrer Austauschbarkeit auch notwendig ist. Ebenso wie das Suchen, um selbst gefunden zu werden, durch eine entsprechende Zeichensprache erleichtert wird.

Hier könnte der Einwand vorgebracht werden, daß die Schönheit der Dinge, ihr ansprechendes Design, ihr prestigeträchtiges Image, und was immer sonst noch unseren Blick auf sie fesselt, alles manipulierte Maßnahmen sind, die einzig und allein im Hinblick auf unser Geld ersonnen wurden. Daß die lustbetonte Ästhetik der Dinge eine verführerische Macht wäre, eine Zwangsjacke, in der man gefangen bleibt. Jeder Vergleich zur Kommunikationsätsthetik der Liebe könnte im Verlauf einer derartigen Kritik entrüstet abgewiesen werden. Und dennoch wurden die entsprechenden Strukturgleichheiten einmal als etwas Natürliches aufgefaßt. In einer Zeit, als die Dinge noch miteinander verwandt waren. Aristoteles erteilte der damals schon aufkommenden Kritik an der Macht des Schönen und damit einhergehenden Marionettenthesen eine klare Absage. Mit einer Begründung, die einer besonderen Aufmerksamkeit wert sein dürfte. "Sollte jedoch jemand behaupten, das Lustvolle und das Schöne übten Zwang aus, denn sie nötigten als Mächte, die außerhalb des Handelnden stehen, dann geschähe auf diese Weise alles Handeln unter Zwang." Aristoteles versäumt auch nicht hinzuzufügen, warum das so ist: "... denn die genannten Werte sind für jeden das Ziel jeglichen Handelns." Die Planung, das Herstellen und die Inszenierung des Köders zum Anbeißen ist somit als ein in der Natur allem menschlichen Handeln zugrundeliegendes Anliegen erklärt. Als ein in der ursprünglichen Bedeutung des Wortes aufgefaßtes 'symbolon', an deren Gestalt die zueinander Strebenden sich ihrer verlorenen Einheit erinnern und so zusammenfinden.

Daß das sich gegenseitig erkenntlich Zeigen mit der Persönlichkeit von Dingen einmal eine phantastische Symbolik hervorbringen würde, eine völlig neue Sprache, erfahren wir mit visionärer Eindrücklichkeit bei der Lektüre von "Gullivers Reisen". In der sprachwissenschaftlichen Fakultät der Akademie von Logado wird an einem Projekt gearbeitet, das nichts geringeres zum Ziel hat, als die Abschaffung der gesprochenen Wörter durch Dinge. "... da Wörter nur Bezeichnungen für Dinge sind, sei es zweckdienlicher, wenn alle Menschen die Dinge bei sich führten, die zur Beschreibung der besonderen Angelegenheit, über die sie sich unterhalten wollen, notwendig seien." (Swift, J., *Gullivers Reisen*, Frankfurt/M. 1981, S. 262). Zweifellos sind heute unsere Dinge die Mittel zu eben diesem Zweck. Die akademischen Wehklagen über das Erlöschen der sprachbildnerischen Kraft im Alltag übersieht die Tatsache, daß wir, im Vergleich zu allen anderen Zeiten, als auch schon über den Verfall der sprachlichen Mittel geklagt wurde, nicht mehr mit dem Mund sprechen müssen, um uns gegenseitig zu verstehen. Sprechen wir doch mittlerweile mit den Din-

gen, die wir haben, eine Universalsprache, deren Verbreitung in der Akademie von Logado als unausweichlich erachtet wurde. "Ein weiterer großer Vorteil, den diese Erfindung haben sollte, war der, daß sie als Universalsprache dienen würde, die man bei allen zivilisierten Nationen verstehen könnte, deren Waren und Gerätschaften im allgemeinen von gleicher Art, oder so sehr ähnlich sind, daß man ihren Gebrauch leicht begreifen könnte." (ebd. S. 262)
Man hätte den Autor dieser Vision nur dahingehend aufzuklären brauchen, daß, um Universalsprache zu werden, die Dinge nicht notwendigerweise als Nutzdinge, sondern von ihrer symbolischen Bedeutung her verständlich sein müssen, und das aktuelle Phänomen der planetarischen Verständigungsgemeinschaft, ohne die Mühen der verbalen Sprache, wäre annähernd illustriert. Natürlich kann gegen die Symbolik der Dinge, als kommunikative Bedeutungsträger, wie einstweilen noch zu sagen wäre, kulturkritisch angemerkt werden, daß diese Art der Verständigung dem Siegeszug der Oberflächlichkeit gleichkäme. Es kommt dabei jedoch auf die Wertung an. Als Fortschritt von der menschlichen Tiefe, in der neben anderen tiefgründigen Phänomenen auch das Phänomen der Liebe zu lokalisieren ist, kann Oberflächlichkeit, so paradox das erscheinen mag, sehr wohl als Verständigungsschritt zur Vertiefung des menschlichen Miteinanders aufgefaßt werden. Wie sich gleich zeigen wird, ist hinsichtlich der Hierarchie zwischen menschlicher Tiefe und oberflächlichem Verhalten eine Umwertung zugunsten des Oberflächlichen durchaus sinnvoll.

2.4.1 DIE TIEFE DER OBERFLÄCHLICHKEIT

Oberflächlich ist das, was sich auf der Oberfläche einer Sache befindet. Die Fettaugen beispielsweise, die auf der Oberfläche einer Suppe treiben oder der Schmutz, der sich auf der Oberfläche eines Spiegels angesetzt hat. Weitaus häufiger wird das Eigenschaftswort 'oberflächlich' jedoch in einer moralisch-wertenden Bedeutung benutzt. Und zwar im Hinblick auf Dinge, Sachverhalte, Verhaltensweisen, die in wertender Hinsicht 'Tiefe' vermissen lassen, keinen 'tieferen Sinn' haben und denen dann von Anfang an die Charaktereigenschaften des Belanglosen, ja sogar des Lächerlichen anhaften. So betrachtet könnte man versucht sein, als oberflächlich etwa jene Gespräche zu

bezeichnen, die eben erst gemachte Urlaubsbekanntschaften, nebeneinander auf einer Bettkante sitzend, in ihren Unterkünften führen. Oberflächlich wäre demnach auch die zerstreute, nicht gründliche Lektüre sprachphilosophischer Texte oder die unaufmerksame, flüchtige Betrachtung der Meisterwerke abendländischer Bildkunst im Louvre.
Es gibt von der Position der intellektuellen Gründlichkeit aus gesehen oberflächliche Betrachter, Leser, Zuhörer und Denker, denen alles, was eine gewisse Schwierigkeit der Durchdringung erfordert, namentlich die 'wahren' Werte der Kultur, für immer unergründlich bleiben werden. Nun gibt es aber auch noch 'oberflächliche Menschen', von denen angenommen wird, daß an ihnen der Sinn für jegliche Art von geistig-seelischer Durchdringung spurlos vorbeigegangen ist. Von ihnen wird gesagt, daß sie keine 'inneren' Qualitäten haben, da ihnen offenbar neben den materiellen Dingen, die sie besitzen, allein die Pflege des Äußeren etwas gilt und sonst gar nichts. Daß da tatsächlich etwas fehlt, gilt im allgemeinen als ausgemacht. Allerdings nur bei einer sehr oberflächlichen Betrachtung. Bei genauerem Hinsehen ergibt sich nämlich ein ganz anderes Bild, dessen hauptsächliche Konturen bei einem kurzen Ausflug in menschliche Frühzeiten hervorzutreten beginnen. Unsere prähistorischen Vorfahren waren Jahrtausende lang von ihren unmittelbaren visuellen Wahrnehmungen abhängig. Da war das Tier, dem, um nicht zu verhungern, in Sekundenschnelle etwas Umwerfendes an den Kopf geschleudert werden mußte. Oder der über Leben und Tod entscheidende, kurze Anblick einer der Feinde, die angriffslustig im Unterholz lauerten.
Die Augen offenzuhalten, war für unsere Vorfahren im wahrsten Sinn des Wortes ein Überlebensmittel. Sobald nun aber das Überleben durch Ackerbau und Viehzucht etwas kalkulierbarer wurde und nicht mehr ganz so zufällig und abenteuerlich war wie zuvor, wurden umgehend neue Herausforderungen gesucht. Um sie zu finden und daran Spaß zu haben, brauchten unsere Vorfahren nicht mehr in der Wildnis herumzustreifen. Im Grunde genommen brauchten sie dazu noch nicht einmal vom Fußboden in ihren Hütten aufzustehen. Fanden sie doch die ergötzlichste Herausforderung in sich selbst, in ihrem Innern. Und zwar, was besonders hervorgehoben werden muß, mit geschlossenen Augen. Und eben dadurch, indem sie ihre Augen schlossen und dabei, in sich hinabsteigend, sich in allerlei Vorstellungen hineinsteigerten, begannen unsere Vorfahren 'tief' zu werden.

So verschieden die Lehren aller frühen Religionsstifter, Mystiker und vorphilosophischen Denker auch sind, ihre grundlegenden Aussagen gleichen sich darin, daß sie der unmittelbar sichtbaren Wirklichkeit das Mißtrauen aussprechen. Damit fand ein Strukturwandel der Wahrheit statt oder besser gesagt, der Wahrheitsauffassung. Die Wahrheit wurde aus der Welt des Sichtbaren, aus der Welt der offenen Augen, in die erst noch zu ergründende Welt des Unsichtbaren, in die Tiefe der menschlichen Existenz verlagert. Dort wurde im Zustand der Hinwendung, Versenkung, Anbetung, Verzückung und Exstase das weite Reich der absoluten Wahrheiten beglückt erahnt, erkannt und geschaut. Gleichzeitig wurde die konkrete Wirklichkeit, alles Sichtbare, zum Schein, zum Gleichnis, zum Trugbild oder gar zur Lüge schlechthin ernannt. Die sichtbare Außenwelt wurde zur spirituellen Nichtigkeit, während das Innere, das, was man nicht sehen kann, sofern man es sich mit geschlossenen Augen nicht ein-*bildet*, zur spirituellen Hauptsache im Dasein avancierte. Um eine für unseren Kulturkreis relevante Vorstellung von diesem Strukturwandel zu bekommen, ist es nützlich, sich an die Lehre des Jesus zu erinnern, die nicht nur mit der sichtbaren Wirklichkeit, sondern auch mit der konkreten Realität der menschlichen Existenz wie Wohnung, Kleidung, Nahrung, Handel und dergleichen noch nicht einmal annäherungsweise etwas zu tun hat. Bezeichnenderweise geht Jesus an den auffälligsten Nöten der menschlichen Existenz mit Vorstellungsbildern aus seinem Innern vorbei. Immer dann, wenn die Not am größten ist, wenn beispielsweise eine Hungersnot herrscht, ist aus der Tiefe des Innern die wundertätige Kraft des Glaubens lebensrettend zur Stelle. Und tatsächlich ist ja im Christentum, wie auch in anderen Religionen, nicht wesentlich, was mit offenen Augen gesehen, sondern woran mit geschlossenen Augen geglaubt wird. Vordergründig an die menschliche Realität im Hier und Jetzt als eine Art von Zwischenstation. Vielleicht ist der Wandel von der sichtbaren Realität zur Weisheit der geschlossenen Augen am anschaulichsten mit einem 'Herrenwort' illustriert, das übrigens auch auf einem indischen Torbogen entdeckt wurde. "Die Welt ist eine Brücke, gehe hinüber, aber baue nicht deine Wohnung dort!" Daraus folgt, daß zugunsten des Innern, dem Ziel, alles Äußere eigentlich vernachlässigt werden kann. Wenn doch die Welt und ihre Geheimnisse "da drinnen" sind, in der unergründlichen Tiefe der Menschenseele, und die sichtbare Welt nur eine Brücke ist, dann ist es nicht nur nebensächlich, sondern auch völlig belanglos, wie ich aussehe. Und je tiefer ich bin, je mehr ich über Dinge Bescheid weiß, von denen andere noch nicht einmal ahnen, daß es sie überhaupt gibt, desto mehr kann ich mein Äußeres vernachlässigen. Man soll es mir ja auch ansehen dürfen, daß ich tief bin. Und wenn ich dennoch nicht als das erkannt werde, was ich mir mit geschlossenen Augen einbilde zu sein, nämlich der tiefste Geist des Universums, ist es doch nur selbstverständlich, wenn ich zum äußeren Zeichen meiner inneren Tiefe eine entsprechende Selbstsymbolisierung, eine so weit wie möglich öffentlichkeitswirksame Steigerung meiner Vernachlässigung betreibe. Auf öffentlichen Plätzen die absonderlichsten Körperverrenkungen zu bewerkstelligen oder ganz in mich gekehrt auf einem Nagelbrett zu sitzen, kann dann gar nicht anders als ein Zeichen von innerer Tiefe gedeutet werden. Noch ein kurzer Blick auf das Erscheinungsbild, das von Angehörigen betont geistiger Berufe inszeniert wird, und es ist ersichtlich, daß im östlichen und christlich-abendländischen Kulturkreis die betonte Vernachlässigung des Äußeren als ein symbolisches Markenzeichen für innere Tiefe verstanden sein will. Verleitet das Bewußtsein über innere Reichtümer zu verfügen, zur Selbstsymbolisierung einer äußeren Bescheidenheit oder gar Armut (Bettelmönche), beinhaltet die Logik eben dieser Position, daß die äußere Umkreiserweiterung einer Person durch Dinge von Wert und ästhetischer Ausstrahlungskraft (Popstar) ein Zeichen von innerer Armut sein muß.

Aber derartigen Wertungen ungeachtet hat die sichtbare Oberfläche der Dinge jene Universalsprache herangebildet, die in der Akademie von Logado als Projekt vorangetrieben wurde. Sie knüpft, und darin liegt ihre anthropologische Tiefe, an die vorwissenschaftlichen, vorphilosophischen, vorreligiösen Sprachen der offenen Augen wieder an. Diese Oberflächlichkeit will eine kulturelle Situation, in der es genügt sich zu sehen, statt auf der Selbstsuche zu sein. Eine Oberflächlichkeit, die alle spirituellen Tiefgänge zu einer menschheitsgeschichtlichen Vergangenheit macht. Die Bedeutungen von Calvin Kleins ETERNITY beispielsweise beziehen sich ausschließlich auf irdische Glücksgefühle im Hier und Jetzt. Die spirituellen Bedeutungen von Ewigkeit und alle dazugehörenden naturwissenschaftlichen und philosophischen Erörterungen werden olfaktorisch verdrängt. Es gibt keine Ewigkeit. Aber es gibt ETERNITY von Calvin Klein als global verstandener, olfaktorischer Bestandteil einer symbolischen Selbstergänzung.

2.5 PERSÖNLICHKEIT UND PERSONIFIZIERUNG

Angenommen, auf eine Kundin wirkt ein CHANEL Parfüm derart sympathisch, daß sie in der Parfümerie spontan beschließt, es von nun an zur Vermittlung ihrer eigenen Persönlichkeit zu benutzen. Immerhin hat ihr die Verkäuferin mit bewegenden Worten versichert, daß gerade dieses CHANEL ausgezeichnet zu ihrer Persönlichkeit passen würde. Tatsächlich aber ist der Geruch des Parfüms etwas vollkommen Unpersönliches. Das klassische Konzept von Persönlichkeit beinhaltet eine individuelle Durchmischung von solchen Eigenschaften, die das eigene Selbst als verschieden von anderen erscheinen lassen und dazu Anlaß geben, andere Dinge als dem Selbst zugehörig als fremd zu bewerten.

Das CHANEL wurde aber nicht für eine bestimmte Kundin auf den Markt gebracht und ins Regal der Parfümerie gestellt. Im Gegenteil, es soll einer Allgemeinheit, so vielen Frauen wie möglich, zur individuellen Zustandsergänzung dienen. Aber eben das geht nicht. Streng genommen leistet daher jedes Parfüm genau das Gegenteil von dem, was es vorgibt zu tun. In seiner Eigenschaft als ganz normales Massenprodukt bedeutet das Tragen eines Parfüms eigentlich nicht mehr als einer Produkt-Allgemeinheit anzugehören. Natürlich ist sich die Industrie seit jeher dieser Problematik bewußt gewesen. Das ist der Grund, weshalb bestimmte Parfüms bestimmte Typen von Persönlichkeit ansprechen sollen. Etwa sportliche, romantische, feminine oder mondäne Typen von Frauen. Derartige Grenzziehungen sind freilich nicht möglich. Im Verlauf des Tags, vom morgendlichen Jogging bis zum abendlichen Disco-Besuch kann von einem Typ zum anderen gewechselt werden. Weshalb denn in der Parfümerie auch gesagt wird, daß es vorteilhaft ist, mehrere, also situationsbedingte Parfüms zu haben. Aber auch diese Lösung bestätigt, daß Persönlichkeit im Zeitalter der Dinge eine flexible Angelegenheit ist. Kein Parfüm wird aufgrund seiner persönlichen Produkteigenschaften - seines Dufts - erworben, sondern ausschließlich im Hinblick auf die Bilder, die das Produkt auratisch umgeben, und es dadurch personifizieren. Das CHANEL wird also durchaus aufgrund seiner Persönlichkeit gekauft, die allerdings nichts mit dem eigentlichen Kern des Produkts etwas zu tun hat. Bei genauerer Betrachtung stellt sich außerdem heraus, daß die Persönlichkeit des CHANELs, um bei diesem Beispiel zu bleiben, seine Aura, das es umgibt und das Image, in dem es sich aufhält

an die uralte anthropologische Tradition der Beseelung von Dingen anknüpft.
In älteren Völkerkunden wird die Personifizierung der Dinge als Fetischismus bezeichnet. Als Fetische, das Wort kommt vom portugiesischen 'feitico' (künstlich, falsch oder Zauber), wurden ursprünglich von portugiesischen Kolonisatoren westafrikanische Göttberbilder entwürdigt. Anfänglich als simples 'Negerphänomen' oder als stupide Verehrung unorganischer Körper verkannt, ist der Fetischismus erst später als die natürliche, anthropologische Neigung aufgefaßt worden, ein Ich in fremde Phänomene zu projizieren. Was ursprünglich und teilweise noch immer durch *Ernennungsvorgänge* vonstatten geht. Moderne Formen der Ernennung sind uns am deutlichsten im Hinblick auf das Kunstleben der Gegenwart präsent. Wenn etwa ganz bestimmte Praktiken, z.B. Verhüllungen, zu Werken der Kunst ernannt werden. Zu denken wäre auch an die Praxis kirchlicher Ernennungsvorgänge, wenn Verstorbene aufgrund von Legendenbildungen zu Heiligen ernannt werden. Bei den Ernennungen spielt es im Prinzip keine Rolle, ob es sich dabei um Personen oder Dinge handelt. In Rilkes "Geschichten vom lieben Gott" machen Kinder untereinander aus, daß ein Fingerhut der liebe Gott sein soll. Der moderne Ding-Mystiker Rilke war davon überzeugt, daß jedes Ding der liebe Gott sein kann, "man muß es ihm nur sagen." In der magisch-mystischen Vorstellungswelt der alten Kulturen gingen die Ernennungen mit dem Glauben einher, daß die Dinge, auch die geringsten, Bedeutungs- und Machtträger höherer Kräfte sind, die, wenn man sie darum bittet, ihre Kräfte und Bedeutungen je nach Wunsch und Bedürfnis auf Menschen übertragen können. Was freilich nur dann möglich ist, wenn die Dinge der nicht menschlichen Welt vorher vermenschlicht worden sind. Wenn sie Augen, Ohren und Stimmen bekommen und somit in die Lage versetzt werden, sich der Wünsche, Hoffnungen und Nöte eines Einzelnen oder einer Gemeinschaft anzunehmen. Es ist gar nicht notwendig, so weit zurück wie zum Ursprung der Götter zu gehen. Es genügt vollauf, aus dem Wort 'Gott' das entsprechende Adjektiv herauszulösen, um zu verstehen, daß es darum ging, die Dinge den Menschen gegenüber 'gut' zu machen. Anfänglich können ja die Dinge nicht gut sein, weil vollkommen unberechenbar. Ihr unberechenbares, nicht menschliches Sein, ein hoher schneebedeckter Berg beispielsweise, wird aber gut zu jenen, die ihn zu einem Guten ernannt haben. Anderen wird er seine Unberechenbarkeit spüren lassen. Im

Grunde genommen ist also die Einbeziehung nicht menschlicher Dinge in die menschliche Subjektivität ein Akt der Personifizierung, auf den sich bequem der Ursprung der Naturreligionen zurückverfolgen läßt.Entfernte Verwandte der Fetische, bei denen es sich meistens um Artefakte handelte, sind übrigens jene Gegenstände, die zum Massenauftritt der Fußballfans gehören. Die Fans (fanum: Ort der Gottheit) zeigen mit ihren Sachen nicht nur, wer sie sind, sondern glauben auch, daß die geballte Macht ihrer Sachen ihrer Mannschaft auf dem Rasen zum Sieg verhilft. So gesehen ist es zulässig, Fetische als Hilfsmittel für den Erfolg zu bezeichnen. Erfolg und Wohlergehen gründete sich jedoch in alten Kulturen in erster Linie auf die richtige, im Interesse übergeordneter Mächte liegende Handhabung von Werkzeugen. Die Werkzeuge selbst, ihr Material dazu, ist ja den personifizierten Natur-Mächten entnommen. Deshalb verstanden die archaischen Handwerker die Handhabung ihrer Werkzeuge auch nicht als Vollzugsinstrumente ihres eigenen Willens. Vielmehr gebot der Respekt vor dem was *in* den Werkzeugen steckte, sich selbst nur als ausführendes Organ übergeordneter Mächte aufzufassen. Es ist heute üblich, die Trends, die beispielsweise in der Gentechnologie zu erkennen sind, als menschliche Anmaßungen zu verurteilen. Aber auch schon damals, als Werkzeuge dazu dienten, die Natur der Dinge in Schmelzöfen radikal umzugestalten, wurde das als ein Frevel aufgefaßt.
Davon zeugt eine Gruppe von Mythen, die bei einigen Stämmen der Ureinwohner Zentral-Indiens erzählt werden. Anfangs arbeiteten die Menschen im Himmel für Sing-bonga. Doch ihr Spiegelbild im Wasser zeigte ihnen, daß sie dem Gott ähnlich und daher seinesgleichen seien, und weigerten sich, ihm zu dienen. Daraufhin stürzte Sing-bonga die Menschen auf die Erde hinab. Sie fielen auf eine Stelle, wo sich Eisenerz befand, und dort errichteten sie einige Öfen. Singbonga wurde durch den aufsteigenden Rauch empfindlich gestört und kam, nachdem er vergeblich Vögel als Boten ausgesandt hatte, die den Menschen zu befehlen hatten, die Arbeit einzustellen, in Gestalt eines kranken Alten auf die Erde hinab. Die meisten Öfen stürzten auch sofort zusammen. Die Schmiede, die Sing-bonga in seiner Gestalt als kranken Alten nicht erkannten, baten ihn um Rat. Sing-bonga empfahl ein Menschenopfer, zu dem er sich auch selbst bereit erklärte. Er ging in einen zu Weißglut erhitzten Ofen und verließ ihn mit Gold, Silber und Edelsteinen. Die Schmiede taten es ihm nach, ver-

brannten freilich, derweil ihre Frauen die Blasebälge bedienten. Nachdem sie zu Asche verbrannt waren, verwandelte sie Sing-bonga in Felsengeister. (Rahmann, R., *Gottheiten und Primitivstämme im nordöstlichen Vorderindien*, Anthropos 31, 1936, S. 27). Dieser Gruppe von Mythen ist gemeinsam, daß Sing-bonga erst alle Metalle an sich nimmt, die Resultate des frevlerischen Tuns, und dann die Frevler in den Flammen ihrer Öfen umkommen läßt. Was wie eine besonders perfide Bereicherung aussieht, ist freilich nur Vorkehr. Denn wenn die Resultate des frevlerischen Tuns aus der Welt verschwinden, und damit das notwendige Know-how, sind Wiederholungstäter nicht so schnell zu befürchten.Daß die Vorstellung von den Werkzeugen als Führungs- und Vermittlungsträger übermenschlicher Mächte eine lange Ideentradition hatte, zeigt sich daran, daß sie selbst noch in die griechische Philosophie hineinragt. Für Platon ist der Handwerker nur mimetisch empfängliches Medium der Idee, von dem was er herstellt. Die Idee der Sitzbank ist nicht geistiges Eigentum des Schreiners. Sie teilt sich dem Schreiner nur mit. Für Aristoteles vollbringen Werkzeuge in der Hand der Künstler nur das, was die Natur ohnehin hervorbringen wollte. Der Glaube, daß in der Handhabung der Werkzeuge der Wille Gottes waltet, war sogar, wenn auch nur in übertragener Bedeutung, im vorigen Jahrhundert noch weit verbreitet. Galt doch vom Handwerk, was im Mittelalter für die Kunst von entscheidender Bedeutung war: daß seine Ausübung Gott wohlgefällig zu sein hatte. Was das Fluchen bei der Arbeit zu besonders verwerflichen Angelegenheiten machte. Um ein gutes Gelingen der handwerklichen Arbeit zu fördern, werden noch heute in einigen Gegenden der Welt den Werkzeugen Opfergaben dargebracht. Das magisch-mystische Verhalten zu den Werkzeugen war aber noch nie von einer bedächtigen Demut oder einem Niederknien gekennzeichnet. Bei unseren Tätigkeiten vor dem Bildschirm wird leicht vergessen, daß die Handhabung der alten Werkzeuge mit Lustgefühlen verbunden waren. Wenn die Axt tadellos ins Holz fuhr, oder der schwere Hammer einen Felsbrocken zerschlug, war für die Handwerker naheliegend zu vermuten, daß sich in diesen Lustgefühlen die Schaffensfreude Gottes offenbarte.

2.5.1 CHARISMA, AURA UND SELBST-IMAGE

Ausführlichere Streifzüge in die archaische Welt der Dinge und Gerätschaften würden ergeben, daß Artefakte noch nie leblos, sondern stets von etwas bewohnt waren. Was darauf hindeutet, daß die Persönlichkeit moderner Waren- und Dienstleistungen - ihr Image - zwar dem Bedürfnis nach Differenzierung entspricht, daß aber das Phänomen der Images selbst die Aktualität einer anthropologischen Tradition darstellt. Zum kulturtheoretischen Verständnis für das Wesen der Igmages dürfte beitragen, wenn man sich daran erinnert, daß es auch schon vor dem Zeitalter der Dinge immer wieder Versuche gegeben hat, den ontologischen Wert von Worten hervorzuheben. Dinge wie SONY, BMW, CAMEL etc. sind ganz gewiß nicht nur, aber eben auch Worte, die man täglich sieht und hört. Im Zeitalter der ausgehenden Renaissance hat de León eine Beziehungstheorie zwischen Gott und den Dingen entwickelt, die an das Verständnis für die Phänomenologie der Images heranführt. Gott enthält, sagt de León, in sich selbst alles, und alle erschaffenen Dinge haben ihr Sein in ihm. Deshalb, da er das höchste Gut darstellt, und jedes Ding danach strebt, eine möglichst vollkommene Ähnlichkeit mit Gott zu erlangen. "Die Vollkommenheit aller Dinge besteht darin, daß jedes einzelne von ihnen alle übrigen Dinge enthalte, und jedes einzelne Ding ... so viel wie möglich alle Dinge sei." (Zit. nach Höllhuber, I., *Sprache, Gesellschaft, Mystik*, München 1963, S. 37) Das ist natürlich praktisch nur möglich, wenn den Dingen eine geistige Existenz verliehen wird. Und zwar in Form einer sprachlichen Bedeutung. In Form eines Namens "verlieh Gott jedem einzelnen ein anderes Sein ... das in einer bestimmten Weise aus ihm (dem Ding) herauswächst. Und so ist es klar, daß der Name wie ein Bild des Dinges ist." (ebd. S. 37) Denken wir zur Illustration dieses Konzepts an die tausend Sachen, die der Fußball-Verein BAYERN MÜNCHEN seinen Fans feilbietet. Trikot, Hosenträger, Schal, Wein und Duftwasser sind verschiedene Dinge. Jedes einzelne ergibt dadurch, daß es im Namen des Unternehmens angeboten wird, ein Bild von allem, was zu BAYERN MÜNCHEN dazugehört.

Das Wort Image, lat. imago: Bild(nis), Abbild, Vorstellungsbild etc, ist ein aus der anglo-amerikanischen Sozialforschung stammender Begriff, der ursprünglich ein einfühlendes Vorstellungsbild hinsichtlich von Firmen und ihren Produkten bezeichnet. Heute ist der Begriff multidisziplinär und wird im Zusammenhang mit dem Zustandekommen von öffentlichen Meinungen und Verhaltensweisen benutzt. Dennoch kreisen die psychologischen, sozial- und wirtschaftswissenschaftlichen Bezugssysteme um das Wort 'Bild'. Schon in den 20er Jahren wurde mit dem Begriff 'social image' ein sozialpsychologisches Konzept entwickelt, demzufolge ein social image ein kollektives, geistiges Bildwerk ist. Solche Bildwerke, wie Sport oder Mode, wurden als offene Türen aufgefaßt, die das Individuum zum Eintritt ins Bild komplimentieren (Burrow, T., *Social images versus Realities*, in: Journal of Abnormal und Social Psychology 19/1925 S. 231). Für Image ist Bild die Urmetapher, die auf Abbild oder Leitbild, auf den sichtbaren Charakter einer Person oder eines Bewußtseinszustands, auf den Ruf einer Person oder Sache, auf das Selbstbild (looking-glass-self) oder Fremdbild bezogen ist. Als Bildwert ist Image der eigentliche Wert vieler Dinge, und selbstverständlich auch der eigentliche Wert von Personen.

Zu den neueren kulturhistorischen Vorläufern der Images zählt, was M. Weber als charismatische Herrschaft bezeichnet hat. Charisma wurde anfänglich als eine Gnadengabe Gottes aufgefaßt, die von Personen oder Dingen ausgeht und für andere wahrnehmbar ist. Weber bezeichnet mit Charisma eine Qualität, die von ihrem sozialen Umfeld als "vorbildlich" gewertet wird. (Weber, M. *Wirtschaft und Gesellschaft*, Kap. II, § 10) Zunächst absolut wirtschaftsfremd "veralltäglicht" sich Webers Meinung nach das Charisma, indem es sich den Anforderungen des Wirtschaftslebens als einer kontinuierlich wirkenden Alltagsmacht anpaßt. Man könnte Webers Überlegungen dahingehend vervollständigen, daß sich das Charisma durch die Marktmechanismen im Zeitalter der Dinge von Personen auf die Dinge überträgt, und daß sich um käufliche Gnadengaben vor den Schaufenstern der Geschäfte charismatische Anhängerschaften bilden.

Es wird heute nicht mehr bestritten, daß bei der Marktentnahme hauptsächlich das Image kaufentscheidend ist. Was die Vermutung nahelegt, daß das Image, als bedeutungssteigernder Persönlichkeitswert, frühere Formen symbolischer Selbstergänzungen verdrängt haben muß. In der Tat zeigt sich, daß beispielsweise das prestigeträchtige Image von teuren Kleidungsstücken die Funktion des Goldschmucks übernommen hat. Denn zweifellos hat Goldschmuck in kultureller Hinsicht an Wert eingebüßt. Goldschmuck hat heute, mit Ausnahme von Designerstücken, ein regelrechtes 'low-class' Image.

Als Kontrast dazu bietet sich ein im mittelalterlichen Frankreich erlassenes Gesetz an, welches jedes Tragen von Goldschmuck unterhalb einer bestimmten Gesellschaftsklasse strikt untersagte. Es wurde befürchtet, daß das selbstwertverleihende Gold den Respekt gegenüber den tatsächlichen Herrschaftsverhältnissen überblenden könnte.

Es gibt heute kulturelle Tabus, die eine ähnliche Funktion wie derartige Gesetze haben. In die unwiderstehliche Faszination, die eine Sache ausströmt und in den Besitzwunsch, den sie aufkommen läßt, mischt sich ja oft die Sorge, daß der Besitz der entsprechenden Sache von der sozialen Umgebung, wenn schon nicht als Zeichen des Größenwahns, so doch aber als Versuch gewertet wird, von der Sache für die eigene Person unverhältnismäßig viel profitieren zu wollen. Das ist die unausgesprochene Hemmschwelle, die bewirkt, daß ein Bediensteter beim Einwohnermeldeamt vor dem Kauf eines JAGUARs mit zwölf Zylindern und allem drum und dran zurückschreckt. Obwohl der Besitz eines solchen Fahrzeugs vielleicht ein Kindheitstraum ist und durch eine Erbschaft problemlos verwirklicht werden könnte. In dieser Art von Zurückhaltung drücken sich die historischen Nachwehen jener Unterwürfigkeit aus, den Jahrhunderte lang das 'gemeine Volk' dem inszenierten Pomp der Kaiser und Könige zu bezeugen hatte. Die Pracht und Herrlichkeit einer Königshochzeit illustrierte dem Volk auf den Straßen den Rangunterschied, machte ihm unmißverständlich klar, daß Gold und Seide das Privileg der Hochwohlgeborenen ist - Dinge, die heute in den Kaufhäusern zu haben sind.

Auf den Straßen und an Arbeitsplätzen ist nicht zu übersehen, daß das von prestigeträchtigen Ding-Produzenten über sich selbst entwickelte Image immer mehr zum Selbst-Image von Personen wird. Wenn dieses Selbst-Image zu auffällig wird, regt sich gelegentlich auch Unlust. Dann wird hinter vorgehaltenem Mund der 'Kult' beanstandet, den Personen mit der Persönlichkeit ihrer Dinge inszenieren. Der Nachbar mit seinem PORSCHE, die Kollegin mit ihrer GUCCI-Kleidung. Aufsehenerregend sind immer jene Fälle, wenn Kinder zu Mördern werden, um in den Besitz imagegeladener Dinge wie etwa einer HARLEY-DAVIDSON-Jacke zu gelangen. Wenn wir uns an den betriebswirtschaftlichen Sprachgebrauch halten und mit dem Image einer Sache die Summe von Ideen, Bildern, Einstellungen und Gefühlen meinen, die ein PORSCHE, die GUCCI-Kleidung oder eine HARLEY-

DAVIDSON-Jacke vermitteln, könnte man mit Image auch das bezeichnen, was eine Sache *auratisch* umgibt.
Anthroposophen kennen die Aura als den Ätherleib, oder das Licht, das einen Menschen umgibt. Kulturtheoretische Bedeutung erhält der Begriff in der melancholischen Geschichts- und Kunstphilosophie W. Benjamins. Benjamin fühlte, daß die Aura eines Kunstwerks, seine absolute Einmaligkeit an einem bestimmten Ort, sein Hier- und Jetztsein, seine Authentizität durch die technischen Möglichkeiten visueller Vervielfältigungen aufgelöst wurde. Und daß dadurch die archaische Magie der Bilder verloren ginge. Natürlich besteht ein Unterschied, ob man einen van-Gogh-Bildband am Wühltisch eines Buchhändlers zufällig in die Hände bekommt oder das Original in einem Museum betrachten kann. Der 'van Gogh' im Museum ist, wie Benjamin gesagt hätte, die einmalige Nähe aus einer entschwundenen Entfernung. Allerdings hat eine so verstandene Aura von berühmten Kunstwerken heute keine Bedeutung mehr. Der Kult-Bildwert ist gegenüber dem Exkursionswert zu einer Bildband- bzw. Kalenderblattberühmtheit deutlich in den Hintergrund getreten. Bestimmt ist auch weniger der Wunsch nach Bildnähe, als vielmehr die Aussicht auf ein Bad in der Menge das vordergründige Motiv zur Exkursion in ein Museum. Zwar wurden auch früher schon Exkursionen zu Bildern unternommen - es gab im Mittelalter einen Massentourismus zu den visuellen Ausgestaltungen der Kathedralen. Damals hat aber, wie wir von zeitgenössischen Betrachtern wissen, die Aura der Bilder die Augen der Schauenden bemächtigt. Um das angedeutete Phänomen der Aura der Dinge näher zu erfassen, ist es zweckmäßig, noch eine Weile bei der Kunst zu bleiben.
Die verschiedenartigen Erlebnisstrukturen zwischen früherer und heutiger Bildbetrachtung läßt sich nicht beschreiben, allenfalls erahnen. Daß aber durch die graphischen Reproduktionsmethoden, der Photographie und dem Film, sich Jahrtausende lang gefestigte Wahrnehmungsgewohnheiten veränderten, ist unschwer nachvollziehbar. Die Umgestaltungen der Wahrnehmungsgewohnheiten sind ja auch von den Bildermachern nur unter aufsehenerregenden künstlerischen Protesten hingenommen worden. Es wäre hier an die Technik des 'Vereinzeln' zu erinnern, die besonders von M. Duchamp praktiziert wurde. Ein ganz gewöhnlicher Flaschentrockner etwa, es gibt sie heute nicht mehr, von Duchamp ins Museum als Exponat gebracht, erhielt durch diese Kontextverschiebung eine Autonomie, von denen die

gewöhnlichen Flaschentrockner in den Geschäften nicht einmal träumen konnten. Durch seine Ernennung zum Kunstwerk, wodurch Duchamp aufgrund seiner Position in der Kunstwelt ermächtigt war, wurde dem Flaschentrockner die Aura eines Kunstwerks verliehen. Der Vorgang hat eine weitreichende anthropologische Bedeutung. Duchamp hat die stereotype Serie eines normalen Massenprodukts glossiert, zugleich aber die Kunstwelt darauf aufmerksam gemacht, daß auch der anonyme Gebrauchsartikel in den Besitz einer Aura gelangen kann. Und zwar dann, wenn man einem Ding einräumt, daß seine Nutz- und Gebrauchswirklichkeit nur eine seiner möglichen *Wirklichkeitsschichten* verkörpert. Besonders in den 60er Jahren, dem eigentlichen Beginn des Zeitalters der Dinge, und übrigens auch das Jahrzehnt, in dem die Ehe von der Beziehung abgelöst wurde, hat sich die künstlerische Avantgarde den anderen Dimensionen massenproduzierter Dinge angenommen. Suppendose, COCA-COLA-Flasche, Waschmittelpaket, Zigarettenschachtel und dergleichen Dinge erhielten durch ihre in den Kunsthäusern zur Schau gestellten Abbildungen ein auratisches Umfeld.

Um nun eine zeitgemäße Analogie zum ehemaligen Phänomen der Aura in der Kunst zu bekommen, können wir uns einen knallroten, auf Hochglanz polierten und vor einem Postamt geparkten FERRARI vorstellen. Die zwischen leidenschaftlichem Enthusiasmus und bedächtiger Demut sich ausdrückende Bewunderung, die dem Fahrzeug entgegengebracht wird, bezieht sich auf seine Aura, die, und das ist das Merkwürdige daran, von der Serie sogar gefördert wird. Es gibt, egal wie viele Fälschungen von den Bildern van Goghs im Umlauf sind, jeweils immer nur einen einzigen 'van Gogh'. Jedoch ist jeder FERRARI ein FERRARI. Das Original, seine Seele, seine archaische Kraft und Magie, seine Aura, das ist die ganze Serie. Und so sind die meisten Dinge aus vollautomatisierten Fertigungsstraßen, wenn auch nicht so etwas Erhabenes wie ein FERRARI, so doch aber etwas jeweils ganz Besonderes. Die gewöhnlichsten Dinge, oft ohne ein Zutun menschlicher Hände hervorgebracht, sind in eine Aura exklusiver Einzigartigkeit gehüllt. Die Schachtel MARLBORO etwa, die bei der Bedienung bestellt, geöffnet und auf einem kleinen Tellerchen liegend an den Tisch getragen wird. Und daß die Aura keinen Schaden erleidet, daß jedes Stück die unvergleichliche Persönlichkeit der ganzen Serie ausstrahlt, daß also die Aura der MARLBORO oder eines BMW mythische Kraftquellen bleiben, dazu ist die Imagepflege da. Jeder versteht, was damit gemeint ist. Gastwirte und Politiker, Rennfahrer und Fernsehansagerinnen, Verkehrsämter und Bananenimporteure sind intensiv mit ihrer Imagepflege beschäftigt. Die Schriftsteller sind gefordert, um einmal detailliert darzustellen, welche unsäglichen Anstrengungen mit der Pflege des Images und welche Ängste mit einem eventuellen Imageverlust verbunden sind. Ganz bestimmt würde sich im Verlauf derartiger Untersuchungen herausstellen, was hier nur angedeutet werden soll. Eine Mutmaßung, die aber geeignet ist, den Blickwinkel auf das Image der Dinge kulturhistorisch zu konkretisieren. Stichwort Seele. Es sieht doch ganz danach aus, als ob das Image von Dingen den Stellenwert der menschlichen Seele usurpiert hat, und die Imagepflege die säkularisierte Form der guten alten Seelsorge ist. Der funktionale Stellenwert vom Image der Dinge könnte davon ausgehend so illustriert werden, daß wir beim Anblick von Waren- und Dienstleistungen, mit dem für uns richtigen Image, in ihren Seelen-Körper schlüpfen möchten.

Selbstverständlich muß man sich fragen, ob es sinnvoll ist, von der Seele zu sprechen. Wer in den Zeiten der genetischen Codes von der Seele redet, setzt sich dem Verdacht aus, im Umfeld religiöser Schwärmereien beheimatet zu sein. Und in der Tat ist der Begriff von der Seele antiquiert. Aber nur weil die Seele aus den aktuellen Denkmoden verschwunden ist, muß nicht ein Jahrtausende alter und vom Geist aller Kulturen geprägter, erkenntnistheoretischer Bestandteil des Menschen aufhören sein Wesen zu treiben. Die Seele wäre die erste Sache in der menschlichen Kultur, die aufhören würde zu existieren. In der menschlichen Kultur verschwindet nichts. Im Gegenteil, alles wird konserviert. Alles, was es einmal gegeben hat, lebt immer weiter. Wenn auch in möglicherweise anderen Formen und Zusammenhängen. Die Seele ist nicht erloschen. Sie ist, obwohl es verneint wird, (Baudrillard, J., *Die Seele*: Vom Exil zur reinen Distanz, in: Kamper, D., Wulf, Chr. Die erloschene Seele, Berlin 1988, S. 417) nach wie vor das weltverbindende Exil in uns. Die Seele ist uns gefolgt. Sie ist jetzt in den Dingen, weil wir in den Dingen sind. Und wirklich sind die Dinge nicht an uns und um uns herum, sondern wir in den Dingen. Das Handgelenk in der SWATCH. Arme und Oberkörper im LACOSTE-Strickhemd. Beine und Gesäß in einer LEVIS. Die Füße in TIMBERLAND-Schuhen. Die Augen in einer VERSACE-Brille, in einer Duftwolke von ARMANI gehüllt, umgeben vom Blech des neuen RENAULT. Wir sind, um einer abgedroschenen Redewendung einen

aktuellen Inhalt zu verleihen, im wahrsten Sinne des Wortes in körperlicher Hinsicht seelisch be-dingt. All das, worin wir sind, in der Uhr, im Strickhemd, in der Hose, in den Schuhen, im Auto, im Flugzeug, in der Wohnung usw., das alles sind die seelisch wirkenden Pigmente unserer neuen Haut. Auch dieser Gesichtspunkt läßt sich mit theoretischen Mitteln zufriedenstellend herausarbeiten, wobei jedoch zunächst folgendes beachtet werden sollte.
Es gibt eine erkenntnisanthropologische Grundauffassung, die davon ausgeht, daß wir psycho-physische Wesen sind, denen ein Innen und Außen gegeben ist, und die dieses Innen und Außen, ob sie wollen oder nicht, überall hin übertragen. Bezeichnenderweise sind in der Psychiatrie und der Psychologie ständig Bestrebungen im Gange, in Form von Tests und Therapien, solche Bilder zu diagnostizieren, die als Projektionen innerer Zustände aufgefaßt werden. Die Metapher von der Seele als Patient läuft darauf hinaus, daß sie sich mitteilt, und daß es möglich ist, ihre Mitteilungen zu deuten. Bei der bewußten und unbewußten Vermittlung von inneren Zuständen, und den bewußten oder unbewußten Reaktionen darauf, handelt es sich um den Teilbereich eines gewaltigen menschlichen Antriebsaggregats. Denn wir sagen, was in uns ist, durch Bilder; durch kulturelle Hervorbringungen im weitesten Sinne. Und, das ist die andere Seite des Kreislaufs, wir reagieren darauf mit inneren Zuständen, die sich wiederum in Form von kulturellen Manifestationen zu Wort melden. Man könnte auch sagen, daß die Innenwelt der Außenwelt der Innenwelt, wie es der Romancier Handke einmal formuliert hat, der Ursprung von Bildern ist, und daß diese Bilder, gerade weil sie ihre Gestalt aus dem Wechselspiel zwischen Innenwelt und Außenwelt beziehen, ihrem Wesen nach Symbole sind. Womit Symbole als Antriebsmittel einer anthropologischen Erkenntnispraxis definiert werden könnten.
Die Innenwelt in der Außenwelt, und die Außenwelt in der Innenwelt; der Blick in den Spiegel im Hinblick auf andere, und die Augen der anderen, die wir in den Dingen sehen, ist ein symbolischer Dauerkatalysator, der die menschliche Einheit von Körper und Seele als ein interpretierendes und sich selbst interpretierendes Vernunftsprinzip etabliert. Schon im Zeitalter der Romantik wird, wie im Hinblick auf Schlegels "Lucinde" zu zeigen wäre, die Einswerdung von Körper und Seele zum menschlichen Idealzustand erklärt. Bewußtsein geht damit im Bewußtsein von Körperlichkeit auf. Das Zeitalter der Romantik ist der Beginn einer Transformation, an deren Ende das Körper-

bild, oder das, was vorher als Oberflächlichkeit umrissen wurde, zum Symbol von Schönheit, Wahrheit und Vernunft avanciert. Wenn man der Auffassung der frühen hermeneutischen Philosophie zustimmt, daß Menschsein im Grunde genommen nichts anderes ist, als ein Sein in menschlichen Inszenierungen, dann gehört auch die Einsicht dazu, daß eben diese Inszenierungen zum Menschsein dazugehören wie der menschliche Körper selbst. Und damit zum Punkt. Die Inszenierungen der Innenwelt in der Außenwelt und umgekehrt haben Symbolcharakter, so daß die Bilder, oder wir könnten auch sagen, die Dinge, die als Symbole in Erscheinung treten, kein Gewand sind, "das über den Kopf geworfen wird, vielmehr dessen natürliche Haut sind". (Dilthey, W., Ges. Werke, Bd. VI, S. 227) Tatsächlich ist heute, gerade weil wir uns weltweit von der Weisheit der geschlossenen Augen verabschieden, unsere Oberfläche, die planetarische Kultur in der wir sind, unsere menschliche Haut. Gleichsam als ungeahnter später Triumph der frühen hermeneutischen Philosophie, die sich auf das Zustandekommen von Verstehen bezieht, ist die Haut, in der wir sind, unser Kultur-Verfahren zum hautnahen Weltverständnis.

Das Konzept Schopenhauers "Die Welt als Wille und Vorstellung" könnte unter dem Titel "Die Welt als Wille und Bühne der Dinge" aktualisiert werden. Denn die aktuelle camera obscura, welche die Gegenstände in ihrem natürlichen Reinheitsgrad zeigt: "das Schauspiel im Schauspiel, die Bühne auf der Bühne" (Schopenhauer, A., *Welt als Wille und Vorstellung*, § 52 - 315 - 20) ist nicht mehr das Kunstwerk, sondern das Werk unserer Dinge, unserer Haut. Das Schauspiel im Schauspiel, die Bühne auf der Bühne ist die von der Persönlichkeit der Dinge beseelte Oberfläche unserer Körper. Nicht nur im wörtlichen Sinn. Alles, was wir haben, und natürlich auch alles was wir anhaben ist verinnerlichte Außenwelt, ist, um einen entsprechenden Begriff dafür vorzuschlagen, unser weltumspannendes *Inner-Net*. In A. Tarkowskis "Solaris" kreist die Besatzung einer Raumstation um einen geheimnisvollen Planeten, von dem sich allmählich herausstellt, daß es sich um ein riesiges Gehirn handelt, das die Innerlichkeit der Astronauten zu wirklichem Leben inszeniert. Selbst die Heimkehr zur Erde erweist sich als ein Schausspiel, das der Planet mit den Wünschen und Sehnsüchten der Astronauten aufführt. Da sich die klassischen Wechselbeziehungen zwischen Innenwelt und Außenwelt so weit verweltlicht haben, daß wir in der Persönlichkeit der Dinge, und die Persönlichkeit der Dinge in uns ist, befinden wir uns in einer ähnlichen Situation. Die Oberfläche, das Image der Dinge, die Haut, alles was in uns, an uns und um uns herum mitspricht, wenn wir 'ich' sagen, bildet ja unser seelisch be-dingtes Weltverständnis im weltumspannenden Inner-Net.

Im Hinblick auf die Verschmelzung von Innenwelt und Außenwelt zu einer Kultur-Haut, deren Pigmente die Bilder im planetarischen Inner-Net sind, läßt sich nunmehr das Image einer Sache in der folgenden begegnungstheoretischen Bedeutung definieren. Demnach ist das Image eines Objekts eine Komplexität von Eigenschaften symbolischer Art und Bedeutung, die auf eine Singularität bezogen sind, dem Objekt, die jedoch zugleich die Identität von Personen formen. Worunter die Identität des planetarischen Individuums zu verstehen ist. Hinzuzufügen wäre, daß es gar nicht ausbleiben kann, daß zum Image, zur Aura, zur Seele der Dinge, zur Haut, in der wir sind, Liebe entstehen muß. Denn so, wie in der Werbung der Tag vergeht und JOHNNY WALKER kommt, ist das Image der Dinge als Partner für die geistig-seelischen Beziehungen der Zukunft gekommen.

2.6 GLOBALE IDENTITÄT UND KULTURELLE MONADOLOGIE

In der Lehre des Laotse wird vom Universum gesagt, daß es mit uns entstanden ist und daher auch untrennbar in uns und in unserer Umwelt ist. Selbst in den kleinsten Dingen: in der Spitze eines Grashalms oder in einem Wassertropfen ist dieser Lehre zufolge das Universum. Dieser Gedanke ist bezeichnend für eine Auffassung von Ganzheit, die in vielen alten Kulturen und auch in westlichen, neuzeitlichen Strömungen wie der Romantik zum Ausdruck gekommen ist. Der Auffassung, daß die größten Geheimnisse der menschlichen Existenz und des Universums aus den unscheinbarsten Dingen entnommen werden können. Selbst, daß die poetische Durchdringung der Dinge die Wiedergeburt des Universums ist. (Wagner, J., *Von der Natur der Dinge*, Leipzig 1803, § 600) Entzieht man derartigen Überzeugungen ihren esoterisch-schwärmerischen Schwulst, bleibt die schwerlich zu widerlegende Annahme, daß Mensch und Kosmos in einem Verwandtschaftsverhältnis zueinander stehen. Und widmet man sich ausschließlich den Verhältnissen auf unserem Planeten, steht ebenso unzweifelhaft fest, daß Mensch und Umwelt einen

Organismus bilden, der durch äußerst komplizierte Wechselbeziehungen geprägt ist. Diese Auffassung hat sich seit geraumer Zeit schon zu einer Denkmode verfestigt. Daß Mensch und Natur eine Einheit, ja Schicksalsgemeinschaft bilden, gehört heute schon zum Standardwissen der Schulkinder. Daß wir und unsere Dinge ebenfalls in vielfältigen Wechselbeziehungen zueinander stehen, daß wir mit unseren Dingen förmlich verwachsen, daß sie Teil unseres Körpers und Bewußtseins sind, ist dagegen eine Feststellung, die mit Vorbehalten aufgenommen wird. Und die Einsicht, daß wir erst durch An-Dingung an die Persönlichkeit der Dinge eine persönliche Identität erhalten, stößt gemeinhin auf schroffe Ablehnung.

Was der spontanen Akzeptanz dieser Einsicht im Wege steht, ist der Glaube, von anderen verschieden zu sein. Und zwar hinsichtlich der Ausprägung eines ureigensten Territoriums, das als Individualität und Identität bezeichnet wird. Es ist gar nicht daran zu zweifeln, daß der Glaube, unser ureigenstes Territorium wäre verschieden von anderen, lebensnotwendig und möglicherweise sogar ein Mittel zum Überleben ist. Schließlich scheint, wie das Vorhandensein der Images zeigt, daß Bedürfnis nach sozialer Differenzierung sehr grundlegend zu sein. Der Glaube ans ureigenste Territorium erfüllt die Funktion eines Exils, in dem man sich zu Hause fühlen darf. Allerdings führt die Frage, worin denn nun der konkrete Unterschied zwischen dem ureigensten Territorium und demjenigen der anderen besteht zu gewaltigen Schwierigkeiten. Immer vorausgesetzt man ist sich im klaren darüber, daß die Problematik nichts mit der Feststellung von Charaktereigenschaften wie gesellig, aufmerksam, tierlieb usw. zu tun hat.

Die Schwierigkeiten beginnen schon, wenn man über den Unterschied zwischen "Ich" und "Person" nachzudenken beginnt. Im Römischen Reich war die Position, die jemand im öffentlichen Leben bekleidete, die Person. Keine Person hatte der Sklave, dessen Angelegenheiten im Sachenrecht abgehandelt wurde. Machte im Römischen Reich allein das Äußere, die Haut, das Oberflächliche die Person, setzte sich später dem Kodex der cultura animi entsprechend die Meinung durch, daß wir erst durch innere Werte zu Personen werden. Und als derartige Personen werden wir, weil ja die inneren Werte allgemeine Kulturgüter sind, zum Subjekt, dessen Handlungen in moralisch-rechtlicher Hinsicht einer Zurechnung fähig sind. Die Tücke besteht freilich darin, daß wir für andere nicht das sind, war wir für uns selbst sind. Wir stehen uns eben nicht als Subjekt sondern als Personen gegenüber, die sich immerzu so auffassen, als ob sie eine besondere Rolle spielen würden. Ich gehe beispielsweise an einem Strand ins Wasser. Für den Verleiher von Sonnenschirmen bin ich jedoch ein Badender. In einem Geschäft bin ich für die Verkäuferin ein Kunde. Und für den Arzt, dem ich meine Beschwerden schildere, bin ich einer von jenen Patienten, die genau die gleichen Beschwerden haben. Auf der menschenleeren Gasse, die ich als Abkürzung benutze, um schneller nach Hause zu kommen, bin ich für die beiden Polizisten im Auto ein Verdächtiger, der sich auffallend schnell bewegt. Obwohl wir also von früh bis spät dieselben sind, ist unsere Personalität, das, was auf unser Personsein bezogen ist, ständigen Veränderungen ausgesetzt. Je nach dem, wo wir uns befinden. Man könnte hier geltend machen, daß diese Veränderungen tatsächlich stattfinden, die Persönlichkeit aber, als individuelle Eigenschaften des Personseins davon unbehelligt bleibt. Daß uns diejenigen, die uns ja doch nur als Personen sehen, im Grunde genommen nichts angehen. Was nicht stimmt. Wir bewegen uns, von Ausnahmefällen abgesehen, nicht wie Robocop in der Öffentlichkeit. Schon viel eher wie chamäleonische Rolleninhaber, die sich den jeweiligen Bühnen gut bewußt sind, und gelegentlich sogar Lampenfieber haben.

Da wir immerzu im Hinblick auf andere in den Spiegel schauen, die Bewertung der anderen uns zurechnen und damit leben, ist unser Personsein zugleich auch unsere Bühne. Wenn man sagt, daß unser Personsein unsere Welt ist, und daß in unserer Welt die Welt anderer ist, die wir unablässig berücksichtigen müssen, um mit unserem Gesicht in unserer Welt bleiben zu können, läßt sich hier eine zusammenfassende und zugleich weiterführende Simplifikation anfügen. Sie bezieht sich auf das refrainähnliche Statement eines Ohrwurms, den viele gewiß nicht nur einmal gehört haben werden. "We are the world, we are the people". Natürlich ist dieses Statement im Kontext, in dem es vorgetragen wird, lächerlich und verlogen. Wenn man aber den Kontext des Ohrwurms ausblendet, und das Statement im Zusammenhang einer begegnungstheoretischen Erkenntnisanthropologie hört, ergibt sich eine bemerkenswerte Schwerpunktverlagerung. Die zunimmt, wenn man die Betonung verändert; wenn wir sagen "we *are* the world". Insofern, weil ja die Persönlichkeit der Dinge dieser Welt in uns und wir in ihr sind. Daher ist es auch keine größenwahnsinnige Anmaßung, sondern Ausdruck einer ganz normalen, alltäglichen Realität im Zeitalter der Dinge zu sagen: I *am* the world. Und zwar zunächst einmal aufgrund der Tatsache, daß die existentielle Connection zwischen der Welt und persönlicher Individualität unter anderem durch die sogenannten "Weltmarken" hergestellt wird. In den Wirtschaftswissenschaften wird mit Weltmarke ein Produkt verstanden, das auf der ganzen Welt in der gleichen Weise, und ohne Rücksicht auf die Eigenheiten der jeweiligen Volkswirtschaften, Kulturen und Lebensstile hergestellt, verpackt und positioniert wird. (Kelz, A., *Die Weltmarke*, Idstein 1989, S. 104) Solche Weltmarken sind MARLBORO, COCA-COLA, KODAK, NESCAFE, SONY, McDONALDS, HONDA, SWATCH etc. Die Verbreitung der Weltmarken beweist, daß, wie auch die Marktstrategen erkannt haben, bei aller Verschiedenheit der Kulturen, wie sie vielleicht zwischen Südindien und Nordschweden bestehen, es in jedem Land Konsumenten mit ähnlichen Merkmalen gibt. Die Überwindung nationaler Identitäten unter der Schirmherrschaft einer Weltmarke, wie sie in der Werbung für BENETTON und COCA-COLA zum Ausdruck gebracht wird, bestätigt die Tendenz zur Globalisierung der Persönlichkeit. Die individuelle Akzeptanz der Weltmarken macht uns zum planetarischen Kultur-Ich, wie in Anlehnung an M. Schelers Konzept vom "sozialen-Ich" zu sagen wäre.

Scheler bezeichnete mit dem Begriff "soziales-Ich" nicht nur die Summe von Vorstellungen, Bildern und Urteilen, die von Personen auf ein bestimmtes Individuum fokusiert sind. "Vielmehr ist mein soziales Ich ein selbständiger Gegenstand ... von dem sich dieser dieses, jener jenes besondere Bild macht." (Scheler, M., *Die Idole der Selbsterkenntnis*, in: Vom Umsturz der Werte, Leipzig 1923, S. 127 Bd. II) Das Individuum als Gegenstand, von dem wir uns, wie M. Scheler gesagt hat, ein "Bild" machen, ist im Hinblick auf die heutigen Daseinstechniken der Selbstsymbolisierung, und im Zusammenhang mit der Bedeutung vom Image der Dinge ein sehr zukunftsweisendes Konzept. Besonders auch, weil Scheler hinzufügt, daß jedes soziale Ich Ausgangspunkt und Endpunkt sozialer Beziehungen ist. Da wir aber weniger in einer Gesellschaft als vielmehr in der Gesellschaft mit Dingen leben, ist es angemessener, vom planetarischen Kultur-Ich zu sprechen. Das sich von Schelers sozialem Ich auch dahingehend unterscheidet, daß wir uns dieses oder jenes Bild von jemand nicht mehr machen können. Die durch Differenzierung zustande gekommene Ähnlichkeit hat sich ja inzwischen so weit verdichtet, daß anstelle der Bildinterpretation Zuordnung getreten ist. Zuordnung zu Bildern jenseits der klassischen Konzepte von persönlicher Identität. Vergegenwärtigen wir uns dazu zunächst einmal die folgenden Situationen. Angenommen, ein in der Unterhaltungsindustrie nicht bewanderter Paßbeamter hält Michael Jacksons Paß in den Händen. Falls überhaupt, welche Art von Identität geht aus dem Dokument hervor? Steht doch in diesem Fall dem Mann ein äußerst vielschichtiges Objekt gegenüber. Ein mehrmals ummodellierter Mensch, mit einer ganz bestimmt unglaublich bizarren Innenwelt. Ein wahres Kunstwerk, das wohl nur aus rein rechtlichen Gründen als Person bezeichnet werden kann.

Die unmöglich zu beantwortende Frage nach Michael Jacksons "wahrer" Identität, ist zugleich ein sehr allgemeines Problem im Zeitalter der Dinge. Als eine Art von "rite de passage" müssen wir uns an Grenzen mit einem Dokument ausweisen, auf dem die archaische Tradition der Namengebung mit der fotografischen Abbildung, und der Datenerfassung integriert ist. Aus diesem Dokument geht zweifelsfrei hervor, daß wir in rechtlicher Hinsicht einer bestimmten Nation angehören. Mehr aber nicht. Noch nicht einmal eine sogenannte "Identity Card" vermag etwas über die "wahre" Identität ihres Besitzers auszusagen. Diese für das Selbstwertgefühl zutiefst unbefriedigende Situation ändert sich, sobald es uns möglich ist, das bekannte Image einer Sache, die wir besitzen, als Zeichen unserer persönlichen Identität zu vermitteln. Wenn persönliche Identität aus den Gefilden der unsichtbaren Subjektivität (Tiefe) in die sichtbare Welt der Dinge (Oberfläche) verlagert wird. Betrachten wir einen Augenblick lang den Gesichtsausdruck eines Nachtportiers, bei dem gerade jemand unangemeldet, allein und ohne Gepäck um ein Zimmer nachsucht. Der Nachtportier hält ein Identitätsdokument der Person in der Hand und macht dabei eine Miene wie ein Kellner, bei dem ein Gast mit einem seit langem nicht mehr im Umlauf befindlichen Geldschein bezahlen will. Und dann, das gleiche Gesicht einige Momente später, wenn die für einen Nachtportier doch etwas bedenkliche Offenbarung die Unterkunft mit einer AMEX-Karte bezahlt. "Bezahlen Sie nur mit Ihrem guten Namen". Wie aber an der Miene des Nachtportiers zu sehen war, hatte der Fremde gar keinen Namen. In diesem Fall wurde die Person einzig und allein durch die AMEX menschlich. Stellen wir uns nun eine Dame an einem öffentlichen Strand vor. Unübersehbar ist alles was sie hat von CARTIER. Tasche, Uhr, Schmuck und Sonnenbrille. Und selbst die Zigaretten, die sie raucht. Der beschwichtigende Hinweiß, daß es sich hier wohl nur um eine besonders auf-

fällige Form der Markentreue handelt, kann getrost übergangen werden. Denn auch ohne den Gedanken weiterzuverfolgen, welche Art von Identität sich ergeben würde, wenn auch die künstliche Niere, die der Dame kürzlich einoperiert wurde von CARTIER wäre, wird klar, daß das Vorgestellte, das Image von CARTIER, mit der Person die es vorstellt, eine unauflösliche Einheit bildet. Das verinnerlichte Image von CARTIER *ist* die Identität der Dame. Sie kann von sich nicht sagen, ein soziales Ich zu sein, von dem sich dieser dieses und jener jenes Bild machen kann. An ihrem CARTIER-Selbst-Image gibt es nichts mehr zu deuten. Ihr *in* der Persönlichkeit von bestimmten Dingen zu sein, die so wie ihr Körper das sind, was sie wirklich ist, macht sie zu einem planetarischen Kultur-Ich; zu einer kulturellen Monade. Zu einer Sache, die das soziale Menschsein ablöst, und uns zu etwas ganz anderem macht, als wir es bisher waren.
Das griechische Wort "Monade" meint Einheit. In der Philosophie ist das Wort durch Leibniz bekannt, der als Monaden Einheiten auffaßte, aus denen sich die Weltsubstanz zusammensetzt. In seiner "Monadologie" werden sie als in sich geschlossene Wesen bzw. Seelen beschrieben, die zu Vorstellungen fähig sind, und mehr oder weniger intensive Beziehungen zu anderen Monaden pflegen. Es liegt auf der Hand, daß in der transzendentalen Phänomenologie E. Husserls, die auf intersubjektive Erkundungen ausgerichtet ist, die Leibniz'sche Monadologie angemessen zum theoretischen Fundament beiträgt. Vorrangiges Anliegen des Husserlschen Intersubjektivitätsgedankens besteht ja in der Darstellung der Menschheit als universale Verständigungsgemeinschaft. Husserl legt immer wieder Wert darauf festzustellen, daß jedes Ich nur in der Kommunikation mit anderen denkbar und auf die Gemeinschaft ihrer Ich angewiesen ist: "auf ihr intersubjektives und verinnerlichtes Leben." (Husserliana Bd. VII Haag 1959, S. 121) Wie sich inzwischen herausgestellt hat, zirkuliert das intersubjektive Leben der Gemeinschaft der Ich im planetarischen Kultur-Ich. Denken wir uns am Steuer eines BMW der neuen 3er Reihe mit Husserls Philosophie auf dem Beifahrersitz zügig auf einer Autobahn dahinfahrend. Es ist viel Verkehr, und hin und wieder sehen wir ein mit unserem Fahrzeug identisches, wobei wir die folgende Reflexion lesen. "Mein mir selbst gegebenes Auto ist Glied einer von ihm aus orientiert gesehenen Monadengemeinschaft." (Husserliana, *Cartesianische Meditationen*, § 60/20). Selbstverständlich steht an der entsprechenden Stelle im Text nicht Auto sonder Ego. Nun ist

aber das Image des Autos ein unauflöslicher Teil vom Selbst-Image, so daß in diesem und in ähnlichen Fällen, nicht zuletzt auch hinsichtlich der Dame am Strand , eine tatsächliche Monadengemeinschaft in intersubjektiven Beziehungen zueinander steht. In den Ausführungen Husserls heißt es, daß die Gemeinschaft der Monaden darin besteht, daß so wie jede Monade mit sich selbst Gemeinschaft hat, jede Monade mit jeder anderen in Gemeinschaft steht, "für die sie selbst und jede andere Monade für sie ist." (Husserliana, Bd. XII, S. 359) Husserls Philosophie ist, wie man sieht, eine transzendentale Umarmung der Welt. Und gerade, weil wir uns mittels unserer Dinge voreinander inszenieren, und unsere Dinge, vor allen Dingen aber ihr Image, immer mehr planetaraisch-egologisch wird, wäre es treffend, wenn wir diesen Umstand zum Mittelpunkt unserer Selbstauffassung machen, und uns als Monaden in einer intersubjektiven Monadengemeinschaft begreifen würden. Wodurch die wertende Unterscheidung zwischen Menschen und Dingen aufgehoben wäre. Vielleicht ist das ein alter Traum der Dinge; Monadität statt Humanität. Nochmals gesagt: I *am* the world, weil in meiner Eigenschaft als planetarische Kultur-Monade meine Selbst-Wahrnehmung Fremd- und Ding-, und damit Welt-Wahrnehmung ist, und weil das Image meiner Dinge, mein Monaden-Ich für andere "bildet". Ich kann nur ich sein, wenn ich sehe, daß das Image von den Dingen, die ich habe, von anderen Monaden gesehen wird.
Woraus sich erneut ein Zugang zur Thematisierung der Liebe ergibt. Wie inzwischen schon öfters bestätigt wurde, wird das Wesen der Liebe darin erkannt, daß sie, wie beispielsweise K. Jaspers sagt, das Erblicken von sich selbst im Anderen ist. (Jaspers, K., *Existenzerhellung*, Berlin 1973, S. 72) Wenn das so ist, wäre das Image der Dinge die Stufe zur höchsten Form der Liebe. Denn zum Erblicken von sich selbst bedarf es etwas, das uns in sich aufnimmt und uns sagt, wer wir sind. ("I'll be your mirror reflecting yourself in case you don't know" The Velvet Underground) Das Ideal der Liebenden bestand schon immer darin, den Anderen auf sich einwirken zu lassen. Vom geliebten Wesen durchdrungen zu werden, auf dem gegenseitigen Einsgefühl zu treiben. Und dabei auf dieser Insel des Einsseins das andere Selbst in sich sprechen zu lassen, ohne seine Rede mit den eigenen Worten zu stören. Genau das ist auch die innere Haltung, die uns die Dichter und Mystiker anempfehlen, wenn wir uns danach sehnen, daß sich die Dinge uns zum "Gleichnis" anbieten mögen. So wie es Zarathustra geschieht; "Hier

kommen alle Dinge liebkosend zu deiner Rede." Die Mystiker und Dichter waren nämlich davon überzeugt, daß sich die Dinge nach Erlösung im menschlichen Wort sehnen. Zweifellos ist diese Sehnsucht in Erfüllung gegangen. Denn das Image der Dinge ist das Wort. Das Image der Dinge ist *das* Wort der Worte, der Wert der Werte.
Es ist möglich, die Liebe auf einer phänomenologischen Tiefenschicht zu betrachten, auf der Liebe schlicht und einfach Wertzuwachs bedeutet. Bezeichnenderweise gibt es nur in der Liebe jenen sprunghaften Wertzuwachs, den der Frosch (low class animal) zum Prinzen (high class human) verwandelt. Und tatsächlich, als Liebende sind wir füreinander Aristokraten; Prinzen und Prinzessinnen. Der Steigflug der Liebe hält an, solange wir für einander ein Mehrwert sind. Der Absturz beginnt, wenn die Mehrwert-Ernennungen allmählich seltener werden, die Bedeutungsverleihungen nachlassen. Liebe ließe sich demnach als eine Wechselbeziehung definieren, in der jeder Gegenstand, der Werte trägt, zu höchsten Werten gelangt, oder in der er sein "ideales Wertwesen" erreicht. (Scheler, M., *Zur Phänomenologie und Theorie der Sympathiegefühle*, Halle 1913, S. 62) Und unser ideales Wertwesen, das wir immer nur im Hinblick auf andere erlangen können, erreichen wir durch das Image unserer Dinge. Daher der Kult, der mit ihnen getrieben, und die Anbetung die ihnen zuteil wird. Was durchaus wörtlich zu nehmen ist.

2.7 THE IMAGE IS THE MESSAGE

Das Image der Dinge ist die Sprache der Sprache, das planetarisch verbreitete Latein der Gegenwart. Es ist eine Sprache, die überall auf der Welt bildlich verstanden, aber nirgendwo wörtlich gesprochen wird. Das Image der Dinge ist das Wort. Und wenn das Image der Dinge mein Ich erfüllt, "beseelt" hat, bin *ich* das Wort und die Welt. Durch ihr Wort hat sich der Traum der Dinge in mir erfüllt. Im Wort das ich bin, für mich wie für andere, bin ich die Welt. Aber ist das nicht maßlos überzogen? Immerhin geht es doch erklärtermaßen nur um Strickhemden, Autos und Kreditkarten. Ist das Konzept, das hier bislang vorgetragen wurde, in sprachphilosophischer Hinsicht wenigstens einigermaßen vertretbar? Um der Skepsis ein wenig entgegenzuwirken, das Ganze noch einmal von Anfang an und der Reihe nach.

Beginnen wir damit, daß in der Sprachphilosophie Cassirers die Hervorbringungen der geistigen Kultur, die wissenschaftliche Erkenntnis, der Mythos, die Kunst, die Religion, und, was sonderbar erscheinen muß, auch die Sprache auf einen einzigen anthropologischen Problemzusammenhang bezogen wird. Auf das Ziel: "die passive Welt der bloßen Eindrücke, in denen die Welt zunächst befangen scheint, zu einer Welt des reinen geistigen Ausdrucks umzubilden." (Cassirer, E., *Philosophie der symbolischen Formen*, Berlin 1923 S. 12) Es handelt sich bei diesem Ziel um das Verstehen, das sich zwischen dem angenommenen Spannungsfeld zwischen innerer Form und äußerem Ausdruck bewegt. Wobei natürlich die Einzigartigkeit des Phänomens der Sprache verdrängt wird. Immerhin steht die Sprache nicht neben dem Mythos, wie vielleicht die Religion neben der Architektur steht. Vielmehr ist die Sprache das tragende Medium für alle Erscheinungen. Ihre eigentliche Wirklichkeit besteht ja gerade darin, daß sie keine formale Kraft ist. Sprache läßt sich von dem in ihr Gesprochenen, und dem durch sie Vermittelten nicht isolieren. Sprache, hat Gadamer gesagt, umfaßt alles, was ist, indem es in ihr zur Sprache kommt. (Gadamer, H. G., Hermeneutik II, *Wahrheit und Methode*, Tübingen, S. 72) Sein, das verstanden werden kann als Sprache; das ist das immer wieder angeführte Zitat, mit dem die Universalität der Sprache belegt wird. Gadamers Konzept steht in unmittelbarer Nähe zu Heideggers Position, die ebenfalls darauf abzielt, Sprache nicht als Kommunikationsmittel aufzufassen. Sprache ist für Heidegger vielmehr das Baumaterial, mit dem sich das Sein die "Behausung des Menschenwesens" errichtet hat. Im Sprechen kommt das Sein zu Wort.

Aber abgesehen von ihrer metaphysischen Universalität ist in der aufs Verstehen bezogenen, hermeneutischen Dimension der Sprache die eigentliche Problematik zu erblicken. Bestimmt sagen wir nur in den seltensten Fällen, was wir meinen, und meinen auch gewiß nur selten, was wir sagen. Man muß nur den Seufzer hören: "Wir reden ja doch nur aneinander vorbei!", um im Hinblick auf alle menschlichen Materialisierungen die Tragweite der hermeneutischen Dimension zu erahnen. Das Wahrheitsproblem ist in unserem Zusammenhang aber nicht wesentlich. Es geht vielmehr um etwas anderes. Und zwar um die Unzulänglichkeit der Sprache. Was durchaus wörtlich zu verstehen ist. Hinsichtlich des Umstands nämlich, daß sie nicht ausreicht zu sagen, was wir meinen. Oft möchten wir jemanden viel sagen, aber wir können es nicht und gestehen das uns und dem anderen auch ein.

Der metaphysische Kern der Sprache besteht darin, daß es doch so etwas wie eine *innere* Sprache zu geben scheint, die unausgesprochen in der Seele bleiben will. Diese Sprache kommt nur in den allerersten Stadien der Liebe zum Vorschein. Das ist der Grund, weshalb Verliebte ununterbrochen miteinander reden. Gewissermaßen ist es möglich, daß jeder Mensch zwei Sprachen hat. Eine, die spricht und eine die nicht, bzw. nur dann spricht, wenn sie schon verstanden ist, bevor sie spricht. Was letztendlich bedeutet, daß die gesprochene Rede, die menschliche Mitteilung mit Texten, Bildern und Tonfolgen im weitesten Sinn, immer hinter dem inneren Wort zurückbleibt, und man Gesprochenes, auch hier in der Bedeutung von menschlichen Materialisierungen im weitesten Sinn, nur dann versteht, wenn man auch die innere Sprache hört.
Das gilt natürlich auch für die Sprechenden selbst. Aussagen vieler Musiker, Schriftsteller und Filmemacher gleichen sich darin, daß ihnen ihr ganzes Leben lang nur ansatzweise gelungen ist hervorzubringen, was ihnen eigentlich vorschwebte. Fertige vollendete Werke gibt es nicht. Die Metapher von der Kunst oder der Kultur als "Vollendung" ist ein Mißverständnis und gehört ins Repertoire der Werbeleute für Weinbrandfabrikanten. Kultur ist kulturgemäß Fragment. Man könnte auch sagen, daß die Dinge zwar sich schon immer danach drängten, durch Dichter und Philosophen Wort und Welt zu werden, daß ihnen das aber stets nur unvollständig gelang. Man könnte hinzufügen, daß die philosophischen und künstlerischen Übersetzungen zwangsweise den Charakter des fragmentarischen annehmen mußten, weil der Mensch aufgrund seiner sprachlichen Unzulänglichkeiten nie richtig verstand, was die Dinge eigentlich wollten. Daß das eigentliche Anliegen der Dinge: Bäume, Berge, Seen, Sterne usw. durch die sprachlichen Umgestaltungen nicht klar zu Wort kommen konnte. Daß aber, um zum Ausgangspunkt der Erörterung zurückzukommen, Dinge wie Autos, Uhren, Zigaretten etc. erst durch ihr Image zu Ihrem Wort und damit menschlich werden.
Aber wie wird das Wort zum Wort? Anders gesagt, welche Symbolik bewirkt, daß das Wort, das ich zugleich bin, das planetarische Monaden-Ich ist? Dazu ist es erforderlich, noch einmal auf Leibniz zurückzukommen. Als Elemente im Aufbau der Welt haben Monaden die Fähigkeit, sich etwas vorzustellen und die Eigenschaft triebhaft zu begehren. Zwischen den Monaden herrscht indessen ein hierarchisches Verhältnis. Die einfachen (Nacktmonaden) sind ohne Seele und

leben in dumpfen Begierden vor sich hin. Während diejenigen, die im Leben mehr wollen als nur den Namen Monade, eine Seele haben (Geistmonaden) und ihre Vorstellungen mittels Empfindungen theoretisch reflektieren können. Das erinnert vielleicht an den Unterschied zwischen einem Nacktstrand und einer wissenschaftlichen Lehrveranstaltung, hat aber nichts mit der Unterscheidung zwischen Körper und Geist zu tun. Im Zusammenhang ist auch nur wesentlich, daß Leibniz zum Kriterium der Seele, neben Deutlichkeit, die Wechselwirkung zwischen Wahrnehmung und Gedächtnis macht. (Monadologie § 19) Was seltsam anmutet, weil man ja gemeinhin glaubt, daß Seele eine Sache des Gefühls ist. Es wäre auch nicht falsch zu sagen, daß Seele für Leibniz "wissende" Wahrnehmung ist. Und wenn man nun die Bedeutungsfelder Seele, Aura, Image übereinanderlegt, stellt sich heraus, daß das Image einer Sache, einer AMEX zum Beispiel, eine um sich selbst wissende, im Wort enthaltene Wahrnehmung darstellt. Die Leibniz'schen Konstruktionen sind für moderne Leser dunkel, im Zweifelsfall barock. Trotzdem ist Leibniz modern, um nicht zu sagen postmodern. Um vom Abstrakten zum Konkreten zu kommen, ist es zweckmäßig, sich eine Pyramide vorzustellen, die durch vier verschiedene Etagen, auf denen menschliche Aktivitäten stattfinden, und wertend unterteilt ist.

4 Haute Couture
3 Gesichtsmode
2 Bodybuilding
1 Pornographie

Es geht also von unten nach oben gesehen, von unverhüllten körperlichen Aktivitäten zur künstlerischen Verhüllung des Körpers. Die Aktivitäten auf den ersten beiden Etagen sind sehr sachlich, und ausschließlich zur Sache bezogen sind auch die damit verbundenen Vorstellungen. Die Aktivitäten auf den darüberliegenden Etagen sind hingegen solche, die in die Dimension der Imagination überleiten. Das drückt sich auch in der umgangssprachlichen Wertung der jeweiligen Aktivitäten aus. Von unten nach oben übersetzt ergibt sich folgende Hierarchie.

4 faszinierend
3 schön
2 doof
1 totaler Schwachsinn

Auch die Namen, die an den Pforten zu den jeweiligen Etagen ange-

bracht sind, bringen ein hierarchisches Verhältnis zum Ausdruck. An der Pforte zur unteren Etage sind überhaupt keine Namen angebracht. An der zweiten steht SCHWARZENEGGER und tutti quanti, an der dritten CLINIQUE und LANCASTER und an der vierten YSL. Und damit im Rückblick auf die Miene des Nachtportiers zur egologischen Sprachgewalt der Images, zu dem, was in ihnen steckt und durch sie in uns spricht. SCHWARZENEGGER in action auf der Leinwand zu sehen ist beeindruckend. Aber das Zeichen YSL beeindruckt jenseits des Sehens. Ein Zeichen wie YSL ist ein Überding, ist das Wort. Im Vergleich dazu verhält sich der Name Schwarzenegger wie ein Baggersee zur Südsee. Ebenso wie ein guter Fußballspieler das Publikum durch die Beherrschung seiner Techniken beeindruckt, beherrscht das Zeichen YSL durch die beeindruckenden Bilder, die es beinhaltet, die Imagination der Selbst-Images als schon weltweit verinnerlichte Oberflächenwerte. Was übrigens auch der Blick auf das CARTIER-Ich am Strand gezeigt hat. Und wie werden die Dinge menschlich? Wie werden sie zum Wort, über das man keine Worte mehr machen muß. Ein Blick auf das Marketing des sogenannten SWATCH-Car vermag den Ausführungen seines Erfinders nach die Wortwerdung zum "ich bin das Wort" zu erhellen.
Der Produktname ist SMART
S - steht für SWATCH
M - ist für MERCEDES BENZ, und
A - R - T bedeutet Art.
Gelungene Innovation und Sammlerwert (SWATCH). Gediegene Technik, anspruchvolles Design und hoher Wiederverkaufswert (MERCEDES BENZ). Faszination der menschlichen Kreativität (KUNST). Diese Dreieinigkeit verkörpert ein Maximum an kulturellen Bedeutungsträgern. Mehr kann vom Objekt-Image eines Kleinwagens als ein in Aussicht gestelltes Selbst-Image wohl kaum erwartet werden. Hinsichtlich auf die Wittgenstein'sche Feststellung, daß jeder Satz ein "Bild" der Wirklichkeit ist (Tractatus Locico Philosophicus 4.1) ließe sich bezüglich dem Image der Dinge sagen, daß die Sätze sich zu Weltbildern verdichtet haben. (SMART, ROLEX, AMEX, JAGUAR, LEICA etc.) Natürlich mag für Soziologen das Image des SMART einer der vielen Existenzbeweise für die 'feinen Unterschiede' sein. Bestimmt könnte in der soziologischen Forschung das Image der Dinge als Wertmesser für soziale Ungleichverhältnisse herangezogen werden. Aber die Bilder sind mittlerweile so weit ineinander integriert, daß man

nicht mehr von Zeichen symbolischer Macht sprechen kann. Auch nicht von der Verschiedenartigkeit der Lebensstile oder Geschmacksrichtungen als Signifikanten sozialer Ungleichverhältnisse. Man würde darüber vergessen, daß die Schwelle des Dritten Jahrtausends die Auflösung des Menschen als soziale Existenz ist. Das Prinzip der Differenzierung durch Bilder, das doch nur die Bilder ähnlicher macht, verwandelt, wie unter verschiedenen Blickwinkeln versucht wurde zu zeigen, das Sozialwesen zum planetarischen Monaden-Ich, das sich im Zustand einer totemistischen Wahrnehmung begegnet. In einem Zustand der wortlos wörtlich still ist, weil jedes Image ein Bild im Bild des planetarischen Kultur-Ich ist. Versuchen wir, diesen Blickwinkel von einer anderen Seite her bestätigt zu bekommen.
Angenommen es gäbe die multikulturelle Gesellschaft, von der in den Medien so viel die Rede ist. Angenommen auch, die sozialen Ungleichverhältnisse wären mit Geschmacksverschiedenheiten und der Verschiedenheit von Lebensstilen verbunden. Als Folge des Sprach-, Geschmacks- und Stildurcheinanders wäre mit einem bis zum Lärm gesteigerten Geräuschpegel zu rechnen. Auch wenn man Lärmverminderung im Interesse der gegenseitigen Rücksichtnahme annimmt, bliebe immer noch ein Rest von Krach. Denn im Schmelztiegel der Kulturen, sollte es, wie zu vermuten wäre, wenn nicht laut, dann doch wenigstens hörbar lebhaft zugehen. Aber eben davon kann nicht die Rede sein. Denn es herrscht überall Stille. Den Lärm des Lebens, den man auf den Bildern früherer Chaplin Filme förmlich hören kann, gibt es nicht mehr. Und besonders seit den letzten zwanzig Jahren hat der Geräuschpegel in den Städten bemerkenswert nachgelesen.
Früher machten die Dinge Lärm. Heute gehört ihr Sound zum Image. Das unverkennbare Blubbern der HARLEY, das Geräusch, das nur eine MERCEDES-Tür beim Schließen von sich geben kann, das präzise Klicken der NIKON. Es ist die Sound-Kulisse der Dinge, die wir hören, und die wir verstehen, auch wenn wir sie nicht hören. Wir müssen nicht "lernen", miteinander umzugehen, weil unser Monaden-Ich ein Vor-Verständnis für die Idee der Verschiedenheit der Stil- und Geschmacksrichtungen entwickelt hat. Durch die Dinge, die wir *für* einander sprechen lassen, sehen und verstehen wir uns. Ohne selbst sprechen zu müssen. Die Dinge sind unser alltäglich zu erlebendes Leben als ein Verfahren des Verstehens. Durch das Selbst-Image, mit dem wir sprechen, tragen wir das erlebte Leben überall hin. So gesehen sind die folgenden Sätze aus früher hermeneutischer Phi-

losophie von höchster Aktualität. Es ist der Vorgang des Verstehens, durch den Leben über sich selbst aufgeklärt wird, und "andererseits verstehen wir uns selber und andere nur, indem wir unser erlebtes Leben hineintragen in jede Art von Ausdruck eigenen und fremden Lebens. So ist überall der Zusammenhang von Erleben, Ausdruck und Verstehen das eigene Verfahren. (Dilthey, W. *Grundlagen der Geisteswissenschaften*, Ges. Werke Bd. VII S. 86). Und eben dieses Verfahren, das keineswegs mit dumpfer Reflexion verwechselt werden darf, ist inzwischen so weit vorangeschritten, daß wir uns selbst, unser erlebtes Leben, in den Dingen als planetarisches Individuum verstanden haben. Wobei das Image der Dinge das totemistische Bindemittel im planetarischen Vor-Verständnis ist. THE IMAGE IS THE MESSAGE. Außer dem Image der Dinge gibt es nichts mehr, worüber wir uns austauschen könnten. Die Sprache selbst ist durch die Sprache des Images der Dinge ausgetauscht worden. Der hermeneutische Standpunkt läuft darauf hinaus, daß Sprache alles umfaßt, indem es in ihr zur Sprache kommt. Man könnte diesen Standpunkt dahingehend konkretisieren, daß das Image der Dinge im menschlichen Leben sprachlich alles prägt, indem wir uns füreinander durch das Image unserer Dinge verständlich machen. Selbst was in einer humanistischen Perspektive als Kultur und Wissenschaft bezeichnet wird, ist der Regentschaft des jeweiligen Images verpflichtet. Bücher bestimmter Autoren werden nicht gekauft, um sie zu lesen, sondern, indem das Buch stets präsent gehalten wird, um sich seiner sozialen Umgebung mit dem Image des jeweiligen Autors erkenntlich zu zeigen. Viele europäischen Filme werden nicht finanziert und produziert, um sie einem Publikum zugänglich zu machen, sondern nur deshalb, um es den daran Beteiligten zu ermöglichen, in ihrem Alltag mit dem Image heroisch-elitärer Hieroglyphenverarbeitung in Erscheinung zu treten. Hinzuweisen wäre auch auf den geisteswissenschaftlichen Betrieb an den Hochschulen. Dort werfen die Beteiligten unentwegt mit dem Namen von Personen um sich, die gerade "in" sind und betreiben damit etwas, was man in anderen Zusammenhängen als Impression-Management bezeichnen würde. Die Imageolatry (Latreia; Huldigung, Anbetung) beschränkt sich eben nicht nur auf die Persönlichkeit der Dinge, die in Geschäften zu haben sind, sondern ragt als primär bedeutungstragender Aspekt im menschlichen Leben in sämtliche Daseinsbereiche hinein.

2.8 THANATOPRAXIS UND DING-WIEDERKEHR
KULTURTECHNIKEN DER TODLOSIGKEIT

Körperlicher Verfall, Sterben und Tod sind für jeden eine unausweichliche und daher bedrohliche Angelegenheit. Seit jeher hat es Spekulationen gegeben, die der Frage nachgingen, ob es ein Leben nach dem Tod gibt. Materialistische Standpunkte verneinen diese Möglichkeit vehement. Das Leben beginnt im Mutterleib und endet mit dem Tod. Vor der Geburt war nichts, nach dem Tod ist nichts, und zwischendrin befinden wir uns jeden Tag auf dem "Heimweg". Zweifel, Unverständnis und leidenschaftlichen Widerspruch ruft die Lehre Buddhas hervor, die diese vermeintlichen Selbstverständlichkeiten verneint, indem sie das, was uns das wertvollste im Leben ist, unser Ich, unserer Individualität; dem ureigensten Territorium die Existenz abspricht.

Die Lehre von der Ich-losigkeit aller Daseinsphänomene ist der geistige Weg der ewigen Wiederkehr. Wer diesen Weg beschreitet, befindet sich auf einer Reise ohne Anfang und Ende durch die Daseinsphänomene, wobei, wie die Vorstellung an die Wiedergeburt zeigt, das Dasein im Hier und Jetzt Ausdruck einer eigengesetzlichen Logik ist. Aber auch der Begriff der Wiedergeburt sorgt in unserem Kulturkreis für Irritation. Erschwerend kommt freilich hinzu, daß Wiedergeburt ein sehr vielschichtiger Begriff ist. Es gibt die Vorstellung an die Seelenwanderung. Dabei handelt es sich um die Idee eines Lebens, das durch verschiedene Körper hindurch lebt. Was die Kontinuität des Ichs ausschließt. Die andere Vorstellung bezieht sich auf die Reinkarnation, die mit dem Gedanken verbunden ist, daß das Ich in jedem Leben in der Lage ist, sich seiner vorangegangenen Ichs zu erinnern. Diese Idee ist in unserem Kulturkreis im Konzept der romantischen Liebe enthalten. Wenn die Liebenden der Überzeugung Ausdruck verleihen, daß sie schon im vorigen Leben glücklich vereint waren und nun wieder zusammengefunden hätten. Zusammengenommen beinhalten alle Vorstellungen von der Wiedergeburt, daß nach dem Ableben, um es einmal salopp zu sagen, die Karten wieder neu gemischt werden. Wodurch für die Seele, die unsterblich, und mit der Seele aller Daseinsphänomene verwandt ist, neue, und doch ewig gleiche Situationen entstehen. Der Tod ist in der Lehre Buddhas nur ein Bestandteil der ewigen Wiederkehr, und damit eine natürliche Sache, die im Alltag buddhistisch geprägter Länder mit einer für uns wesensfremden Offenheit, Unerschrockenheit, ja Festlichkeit gehandhabt wird. Dem Tod darf und soll ins Auge geschaut werden, weil er einen überaus bedeutungsvollen Abschnitt im Leben markiert.

Wenden wir uns von diesem Konzept dem westlichen Kulturkreis zu. Auch bei uns hat der Tod seinen Schrecken verloren. Wenngleich auf eine vollkommen andere Art und Weise. Es herrscht nämlich visuelle Todlosigkeit. Man sieht ihn nicht. Zumindest, was den Tod im menschlichen Leben anbelangt. Denn im Vergleich dazu ist der Tod der Dinge ("Ich war eine Dose"), in einen sichtbaren Prozeß der ewigen Wiederkehr einbezogen. Schon wenn am Computer ein neues Ding entworfen wird, werden eingehende Überlegungen angestellt, was aus dem Ding werden kann, wenn es einmal gewesen ist. Man kann Recycling als eine industrierealistische Philosophie bezeichnen, deren Praxis die Theorie der Todlosigkeit verkörpert. Nirgendwo deutlicher als hier fällt jene gegenläufige Entwicklung auf, die am Anfang dieses Jahrhunderts G. Simmel als Steigerung der Kultur der Dinge bei gleichzeitigem Rückgang der Kultur von Personen diagnostiziert hat. Der menschliche Tod ist nämlich auf eine Art und Weise organisiert, die es ermöglicht, ihm nicht in die Augen schauen zu müssen. Ganz davon abgesehen, daß der Tod in der Öffentlichkeit kein Thema ist. Das Sterben in der westlichen Kultur ist von einer intellektuellen Beschränktheit umgeben, die in einem krassen Gegensatz zur intelligenten Wiederkehr der Dinge steht. Auch sprachlich ist der Tod aus dem menschlichen Leben verdrängt. So wie Soldaten, die in den Weltkriegen "gefallen" sind, eine für die Soldaten selbst beleidigende Verharmlosung, wird die sprachliche Regelung gepflegt, daß, falls nicht dem Ruf des Herrn Folge geleistet werden mußte, jemand nicht gestorben, sondern "verschieden" ist. Nun bringt aber gerade dieses scheinbar so unscheinbare und blasse Wörtchen ganz zutreffend jenen Zustand zum Ausdruck, der dem Tod vorausgeht; und zwar die "Scheidung" von den Dingen. Wer nämlich in ein Krankenhaus eingeliefert wird, um dort zu sterben, und dorthin ist ja der Tod aus den Augen der Öffentlichkeit verbannt, ist durch Mauern und ans Bett gefesselt von den Dingen geschieden.

Freilich nur von den Dingen, die nun irgendwo da draußen sind, und den Sterbenden immer mehr aus dem Bewußtsein entschwinden. Die Dinge im kranken Haus hingegen rücken, je näher für Ärzte und Pflegepersonal das Ende sich ankündigt, immer mehr an die Sterbenden heran, und auch immer tiefer in sie hinein. Dadurch befinden sich die Sterbenden in einer Situation, die im Hinblick auf ihr Verhältnis zu den Dingen in den Phasen ihrer frühen Kindheit nunmehr diametral entgegengesetzt ist. Suchten sie in den ersten Phasen ihres Lebens die Dinge mit ihren Händen in den Griff zu bekommen, werden sie im kranken Haus, oft beinahe unfähig, ihre Hände zu bewegen, an lebensverlängernde Dinge angeschlossen. Proteste helfen nichts. Regelmäßige Blutabnahmen, EKG, Röntgen usw., die Sterbenden werden auf den Machtbereich der Dinge vorbereitet, und durch starke Beruhigungsmittel Ding-gefügig gemacht. Infusionen, Transfusionen, Herz-Lungen-Maschine, Luftröhrenschnitte etc. Und die im Dienst der Dinge stehenden kümmern sich um Herzschlag und Pulsfrequenz, um Elektrodiagramm und Lungenfunktion, um Sekremente und Exkremente von Menschen, die in ihrem Leben die Dinge gehabt haben, und die gewiß nur ihre Ruhe haben wollen. Als ob es um Leben und Tod ginge. Und tatsächlich geht es ja, so grotesk das auch ist, um eine medizinisch-technische Abwehrschlacht gegen den Tod. Aber diese Erklärung allein ist nicht ausreichend. Es erscheint unwahrscheinlich, daß ärztliche Berufsehre, gestützt auf christlich-abendländische Humanethik, im Verein mit Technologiegläubigkeit Aktivitäten bewerkstelligt, die vollkommen sinnlos sind. In den erwiesenermaßen zum Scheitern verurteilten medizinisch-technischen Abwehrschlachten gegen den Tod müssen Motive enthalten sein, denen sich die kämpfenden Truppen möglicherweise nicht unbedingt bewußt sind. Zum Zweck dieser Motivforschung drängt sich der Anblick einer ausgesprochenen Grausamkeit heran. Und zwar der Auszug aus einem Bericht des Spaniers Bernal Diaz, der zwischen 1519 und 1521 unter General Cortez bei der Eroberung des Aztekenreichs teilnahm und dabei Unansehnlichkeiten zu ertragen hatte. "Wir waren Zeugen wie die Mexikaner unsere unglücklichen Kameraden ihren Götzen opferten. Wir sahen deutlich die Plattform, auf der die Kapellen mit ihren verfluchten Götzen standen. Wir sahen, wie sie einigen der Spanier die Köpfe mit Federn schmückten. Wir sahen, wie sie vor dem Kriegsgott tanzen mußten. Wir sahen, wie sie auf einen großen Stein gelegt wurden, wie man ihnen mit Obsidianenmessern die Brust aufschlitzte, die noch zuckenden Herzen herausriß und sie den Götzen opferte. Wir sahen, wie sie die Leichen der unglücklichen Schlachtopfer bei den Füßen packten, und die Stufen des Tempels hinunter warfen, wie andere Henkersknechte sie unten in Empfang nahmen, Arme,

Beine und Köpfe von den Leibern trennten, die Gesichtshäute zum Gerben abzogen, wie sie das übrige Fleisch abtrennten." (zit. aus Lebende Tote. *Totenkult in Mexiko*. Übersee Museum Bremen 1986, S. 11)

Zugegeben, allein der Hinweis auf Strukturgleichheiten zwischen Kannibalismus und Aktivitäten in kranken Häusern ist nicht neu und auch nicht originell. Selbst wenn es in den kranken Häusern Vorgänge gibt, die bei oberflächlicher Betrachtung an Kannibalismus erinnern; an Menschenfresserei im übertragenen Sinn, müssen die damit verbundenen Motivstrukturen berücksichtigt werden. Der Bericht des Spaniers ergibt in diesem Zusammenhang also nur dann einen Sinn, wenn das Motiv zur kultischen Abschlachtung seiner Mitstreiter bekannt ist, und es sich gegebenenfalls als Erklärungsmodell zu den Entsetzen hervorrufenden und unerklärlich anmutenden Vorgängen in kranken Häusern anbietet. Was also war das Motiv der Azteken? Eingedenk des Rachemotivs, die Spanier waren gewiß nicht weniger bestialisch als die Azteken, ist ihr weltanschauliches Denken zu beachten, das hier, wie sich zeigen wird, durchaus einen nachvollziehbaren Ansatzpunkt darstellt.

Für die Indianer war die natürliche Kraft der Erde und ihre Zeit begrenzt. Sie glaubten, daß durch menschliche Leben die irdische Natur verbraucht und Einheiten ihrer gegebenen Zeit gestohlen würden. Um das Weiterbestehen der Welt zu sichern, wurde es als notwendig erachtet, die entzogene Energie zurückzuerstatten. Und zwar den Göttern, von denen die Azteken annahmen, daß sie für die Erde ihr Blut gegeben hätten, und das man ihnen durch Menschenopfer zurückgeben müßte. Wer sich also der Welt opfert, oder dazu gebracht wird es zu tun, erhält durch sein Blut die Welt am Leben und kann sich der Verehrung durch die Lebenden sicher sein. Was den Spaniern angetan wurde, war für die Indianer notwendig, um weiterleben zu können. Aber noch scheint völlig unerklärlich, was das alles mit der Thanatopraxis in den kranken Häusern zu tun hat. Immerhin bieten sich jedoch die folgenden Überlegungen an. Bei der hier ins Auge gefaßten Thanatopraxis handelt es sich um eine Form des Menschenopfers, das nicht, wie in älteren Kulturen den Göttern, sondern den Dingen dargebracht wird. Mit dem Totalanschluß an medizinisch-technische Maschinen, der dem Tod im kranken Haus vorausgeht, und dem Leben, das im wahrsten Sinn in sie "ausgehaucht" wird, ist ein Kreislauf geschlossen. Die Energie, die im Verlauf des mensch-

lichen Lebens aus den Dingen bezogen wurde, die Beseelung die vom Image der Dinge auf das Ich ausging, wird durch den erzwungenen totalen Anschluß den Dingen unbewußt zurückerstattet. Die Dinge auf den Intensivstationen der kranken Häuser sind ja in ihrer Eigenschaft als technische Kampfmittel gegen den Tod, und als tödliche Foltermaschinen, die Götter der Dinge. Hinsichtlich dieser Deutung der Thanatopraxis in den kranken Häusern sei noch einmal an die Urbilder der Dinge, die UFO's erinnert. Viele wissen zu berichten, daß sie von Außerirdischen aus ihren Wohnungen oder Autos geholt, und in UFO's gebracht wurden, wo sie in einem für sie peinlich hilflosen Zustand als Objekt wissenschaftlicher Unternehmungen dienlich zu sein hatten. Von einem Operationstisch aus gesehen gleichen sich die Bilder. Die aus der Erinnerung hergestellten Zeichnungen von den Außerirdischen stimmen auffallend genau mit dem Erscheinungsbild von Operationsärzten überein. Wie auch die Berichte vom Innern der UFO's Assoziationen an die oft runden Operationssäle mit ihren starken Lampen wecken. Der Verdacht drängt sich auf, daß der moderne Mythos vom eigenen Selbst als Fremd-Objekt in UFO's, nichts anders als die unbewusste Einsicht in die beklemmende Realität der Thanatopraxis ist, die darauf hinausläuft, kurz vor dem Eintritt in ein anderes Sein die Idee der An-Dingung zu bewerkstelligen. So ist wahrscheinlich, daß gerade die Verdrängung des menschlichen Sterbens aus dem öffentlichen Leben, den Tod dazu motiviert, sich uns als Mythos vom Grundprinzip des menschlichen Lebens, der An-Dingung, bemerkbar zu machen.
Im Vergleich zur menschlichen Thanatopraxis ist das Sterben der Dinge eine praktische Philosophie des Werdens zum Gewesensein. Wenn man ihre Entwicklung bis in die Mitte der 80er Jahre dieses Jahrhunderts verfolgt, läßt sich feststellen, daß der wirtschaftliche Boom von einer Verschleierungstaktik abhängig war. Zwischen der industriellen Produktion und ihren Folgen für Natur und Menschen bestand nämlich eine totale Ab-Dingung. Ein wissenschaftlich-technisch-industrieller Produktionsbereich brachte Dinge zum Sehen, Hören, Essen, Trinken und zum Fortbewegen hervor. Die glanzvolle Präsenz dieser Dinge verdrängte die Präsenz der Ausscheidungserscheinungen von Produktion und Konsum solange, bis sie nicht mehr verdrängt werden konnten, weil sie begannen, die Lebensqualität zu beeinträchtigen. Man muß dabei berücksichtigen, daß die Thanatopraxis in den kranken Häusern Teilbereich einer Komplexität ist, die vom übri-

gen Wirtschaftsstil nicht getrennt werden kann. Der Unterschied zur Produktionstechnik des Werdens zum Gewesensein besteht nur darin, daß die Verdrängung menschlicher Ausscheidungserscheinungen aus dem kulturellen Erscheinungsbild des Monaden-Ich wirtschaftlich nach wie vor sinnvoll ist.

Die traditionellen Beziehungen zwischen Umwelt und Wirtschaft sind so beschaffen, daß die Umwelt einerseits eine Quelle für natürliche Rohstoffe, andererseits jedoch auch eine Senke für die Ausscheidungen wirtschaftlicher Aktivitäten ist. Zugleich fungiert die Umwelt als Anbieter von Konsumgütern; Lust und Abenteuerlandschaften, Tierparks, Erholungsgebiete etc. Alle diese Aspekte wären problemlos miteinander vereinbar, würden biologische Abbauprozesse in der Natur nicht so viel Zeit benötigen. Zuviel Zeit, denn gleichzeitig fällt die Verminderung des Vorrats an natürlichen Ressourcen mit einer zunehmenden Belastung der Umwelt durch Abfallstoffe zusammen. In der traditionellen wirtschaftlichen Produktion fällt somit etwas an, das immer unangenehmer werdend auffällt und Leiden verursacht, während gleichzeitig etwas abgeht, das nicht mehr kommt. Der Ausweg aus diesem Dilemma heißt bekanntlich Recycling. Ein Verfahren, bei dem so viele Teile wie möglich erneut dem System zugefügt werden. Im Gegensatz zum herkömmlichen, zeitaufwendigen Kreislauf hat Recycling "künstlichen" Charakter, weil der Rohstoffkreis durch Aufbearbeitungsaktivitäten geschlossen wird. Damit ist Recycling die Produktionspraxis der Ding-Reinkarnation, oder, um es in Anlehnung an die buddhistische Lehre zu sagen: Recycling ist das Werden zum Gewesensein. Damit beinhaltet Recycling ein Konzept von Todlosigkeit, das sich auf unsere egologische Aktualität übertragen hat.

Im Gesichtsfeld östlicher Lehren ist der Körper kein Ich-bezogenes Eigentum, sondern nur ein Ding, das von allen bewohnt wird. Der menschliche Körper ist das gemeinsame menschliche Haus, in dem unaufhörlich ein- und ausgezogen wird. Und neuerdings eben nicht nur in philosophischer Hinsicht. So wie unser planetarisches Kultur-Ich aus bedeutungstragenden, auratischen, seelischen Dingen besteht, die als käufliche Dinge in den Kreislauf der produzierten, verbrauchten, reproduzierten und wiederverbrauchten Dingen einbezogen sind, ist auch unser menschlicher Körper durch die Technik der Organtransplantation zum gemeinsamen irdischen Haus geworden. Denn die Dinge des gemeinschaftlichen menschlichen Hauses - Herz, Nieren,

Lunge, Leber, Augen und noch mehr - sind ja als gewöhnliche Handelswaren in den Kreislauf des planetarischen Kultur-Ich einbezogen. Damit weist der Weg, den unser Kultur-Ich beschritten hat, in die Zukunft eines Urphänomens. Zum Wissen nämlich, daß das Ich nichts ist, und nur dann menschlich werden kann, wenn es auf die eine oder andere Art zum Welt-Ich wird. Wobei uns, wie zu zeigen versucht wurde, die Dinge behilflich sind. Die Dinge führen uns wie lebensphilosophische Wegweiser zur Ich-losigkeit im planetarischen Kultur-Ich; zur globalen Identität.

3 DIE LIEBE UND DIE DINGE - EINE PROBLEMATISCHE KOEXISTENZ

3.1 EXKLUSIVITÄT

Stets am Anfang einer erotischen Leidenschaft versichern sich die Liebenden, daß sie so eine Liebe, wie diejenige, die sie gerade füreinander empfinden, noch nie empfunden haben, und daß alles, was sie gerade miteinander erleben ganz einfach jenseits aller Vorstellungen ist. Selbst der flüchtigste Gedanke an die Universalität ihrer Gefühle, Worte und Aktivitäten, sind Paaren in jenem Stadium der Liebe absolut fremd. Freilich ist dieser Zustand der magischen Nähe, für viele die eigentliche und himmlisch schöne Hoch-Zeit der Liebe von dem Moment an zu Ende, wenn sich in die Existenz des geliebten Wesens, und in sein persönliches Umfeld, das Leben der Dinge einzuschleichen beginnt. Ernüchterung tritt stets dann ein, wenn sich die Dinge, die während der Hoch-Zeit gleichsam abwesend waren, in die Wahrnehmungssphäre der Liebenden zurückmelden. Die Farbe des Autos etwa, das Material des Sofas oder die Anordnung des Geschirrs im Küchenschrank. Nicht, daß diese Dinge stören würden, aber sie werden zu etwas, was vorher nicht da war. Sie offenbaren sich. Und seltsam, es werden immer mehr Dinge. Sie vermehren sich wie die Sterne am Himmel nach dem Sonnenuntergang. Wo vorher außer der Sonne und dem blauen Himmel nichts war, sind nun unübersehbare Dinge. Dinge, die, wie der verkrustete Seifenrückstand auf dem Rand des Waschbeckens oder die Telefonrechnung, nicht mehr nur als das wahrgenommen werden, was sie sind, sondern auch zum Wort werden und damit beginnen, mit ihren Worten die Worte der Liebe zu unterbrechen.
Die Anspielung auf den Gegensatz zwischen Tag und Nacht ist nicht unangemessen. Denn wenn die Dinge ihre symbolischen Bedeutungen zurückerlangen, wenn sie Schnitt und Transparenz der Bluse, Material und Farbe des Jacketts vor dem Besuch einer Party kontrovers zu Wort bringen, herrscht im Vergleich zu jenem Stadium des Zusammenseins, als derartige Dinge keine Rolle spielten, ein Unterschied wie Tag und Nacht. Weniger dramatisch ist die Feststellung, daß dieses Stadium der Liebe von einer gegenläufigen Bewegung gekennzeichnet ist. Je mehr die Objekteigenschaften der Dinge nicht

mehr übersehen werden können, desto mehr klingt das Erlebnis der Einzigartigkeit persönlicher Eigenschaften der Liebenden ab. Solange die Liebenden sich selbst genug sind, und in einer solchen Askese ist ja der Besitz der Liebe zu begreifen, solange sie für sich selbst der alleinige Anziehungspunkt aller Aufmerksamkeiten und Empfindungen sind, gehören die Dinge der Welt einer anderen Welt an. Jener alltäglichen Welt da draußen, von der sich die Liebenden entzückt entrückt fühlen. Wenn sich die Liebenden feierlich vornehmen, niemals etwas "zwischen" sich kommen zu lassen, beschwören sie die Exklusivität ihrer Eigenschaften. Die ihnen aber nur deshalb liebenswert erscheinen, weil die Dinge und ihr Image nicht anwesend ist. Man könnte, was hier angesprochen ist, als die Enantiodromie der Dinge bezeichnen. Heraklit benutzt diesen Begriff, um das Gegensatzspiel des irdischen Geschehens zu bezeichnen. Die Vorstellung, daß alles, was ist, in sein Gegenteil übergeht; aus dem Wachen Schlafendes etc. "Diese eine Ordnung der Dinge" verkündet er, "hat keiner der Götter, sowenig als einer der Menschen gemacht, sondern sie war immer, sie ist und sie wird sein, ewig lebendes Feuer, das sich nach Maßen entzündet und auch nach Maßen erlischt." (zit. nach: Gomperz, T. *Griechische Denker. Eine Geschichte der antiken Philosophie*, Leipzig 1903, S. 52) Die Liebe wäre der einzige Daseinsbereich, der sich den enantiodromischen Wechselbeziehungen entziehen würde. Das tut sie erwiesenermaßen nicht. Auch wenn in der Hoch-Zeit der Liebe der Glaube nahe liegen kann, daß eher, wie die Schlagersänger verlauten lassen, "Marmor, Stein und Eisen" bricht, als daß die Liebe zugrunde geht.

Man sagt, daß die Liebe eine alles überwältigende Macht ist. Tatsächlich bestehen ihre überwältigenden Eigenschaften darin, daß sie imstande ist, Mauern zu errichten. Die Macht der Liebe kann für einige Momente inmitten der An-Dingung eine Enklave der Be-Dingungslosigkeit schaffen. Für einen gewissen Zeitraum ist sie imstande, ein Gebäude zu errichten, an dessen Fenstern die Liebenden die Welt mit ihren Dingen vorbeiziehen sehen. Die Logik der Enantiodromie, von der die Alten wußten, daß selbst die Götter vergebens dagegen ankämpfen, verschafft aber den Dingen Zutritt zur Enklave. Die Dinge lösen die Enklave auf und führen den ursprünglichen Zustand der An-Dingung wieder herbei. Bezeichnenderweise ist die Phase vor dem letzten Gefecht, das ja nicht selten einen äußerst gewaltsamen Ausgang hat, und hinter Gittern endet, von einer Verächtlichmachung und Zer-

störung der Dinge geprägt. Da ist die gehässige Mißbilligung des Aussehens der Freunde oder Verwandten des anderen, die obligate Zerschlagung des Geschirrs, der Berserkergang mit der Axt auf die Wohnungseinrichtung, die Abschlachtung des Hundes mit dem Brotmesser vor den Augen des entsetzten Partners im von innen verschlossenen Schlafzimmer, die Brandlegung des gemeinsamen Hauses.
Psychologen sind schnell dabei, solchen Hoffnungslosigkeiten kompensierende Beweggründe zuzuschreiben. Man meint, daß sich im rasenden Sturm auf die Dinge Gefühle entladen, daß eine Selbstregulierung der psychischen Apparatur stattfindet. Begreift man aber die herausragende und irgendwie auch berauschende Exklusivität der Liebe als sinnliche Be-Dingungslosigkeit, losgelöst von der Macht der An-Dingung, wird verständlich, weshalb sich der Haß auf die enantiodromische Umkehr der Liebe auf die "Schuldigen", die Dinge entlädt.

3.2 GESCHENKE UND GESCHMACK

Der ästhetische Wert einer Sammlung von seltenem Meißener Porzellan errechnet sich allgemeinen Wertungen zufolge nicht aufgrund der Zerbrechlichkeit des Porzellans. Ebenso eindeutig schreiben die ethischen Regeln der Liebe vor, daß ein Geschenk, das ein Liebender gibt, nicht nach der Höhe des von in ihm enthaltenen Geldwerts bewertet werden darf. Den Regeln nach soll ja das Geschenk nicht aus dem Geist des Geldbeutels, sondern aus der Tiefe des Herzens kommen. Nun berichtet aber die Lebenserfahrung schon seit jeher, daß, wenn die Liebe verbindet, der Geist des Geldbeutels doch näher beim Herzen als beim Verstand beheimatet ist. Oft werden, gerade weil die Offenbarung der Tiefe des Herzens nicht tief genug ausfallen kann, sehr hohe materielle Werte verschenkt, Häuser und Grundstücke überschrieben, ohne daß die Schenkenden im Nachhinein sagen könnten, worin der Anlaß der Großzügigkeit bestand. Auf die besondere Rolle des Herzens wird noch einzugehen sein. Vorläufig ist aber hervorzuheben, daß der Wert der Geschenke, die Liebende untereinander austauschen, gemäß einer kulturellen Ding-Kenntnis bewertet wird. Und daß die persönliche Inszenierung der Ding-Kenntnis, bei der Annahme einer Sache, die persönliche Wertschätzung durch den Schenkenden sichert. Als Ausdruck von her-

vorragenden menschlichen Qualitäten wird ja gemeinhin gewertet, wenn wir Dinge gebührend annehmen, von denen andere glauben, daß sie gut zu uns passen. Eine Frau, die von ihrem Mann zu Weihnachten einen roten, ledernen Minirock geschenkt bekommt, wird zur Empfängerin eines ganz bestimmten Konzepts von femininer Ausstrahlung. Sie wird durch das rote lederne Ding im Paket zur Empfängerin einer Einladung, sich selbst in einem Konzept zu definieren, das ihrem Mann besonders feminin erscheint. Ebenso wie der Schenkende, der von der derart Beschenkten das literarische Großereignis der Saison, einen über tausend Seiten umfassenden Roman geschenkt bekommen hat, zum Empfänger einer Einladung wird, sich mit einem bestimmten intellektuellen Image einverstanden zu erklären.
Der Beschenkte wird, so ist zu vermuten, gleich nach dem Mittagessen am ersten Weihnachtsfeiertag demonstrativ damit beginnen, im literarischen Großereignis zu lesen. Und die Beschenkte wird, sehr wahrscheinlich, am zweiten Feiertag, wenn ein Kinobesuch auf dem Programm steht, den neuen roten Rock anziehen. Damit definiert sie sich, trotz der womöglich bitteren Kälte im gewünschten Konzept. Übrigens ganz gemäß jenem Ehrenkodex, demzufolge die Liebe bestimmen soll, was als schön zu empfinden ist. So wie es der Beschenkte auf seine Art und Weise tut, indem er vorgibt, den Roman wahnsinnig gut geschrieben zu finden. Vielleicht scheint ihm aber, daß in dem Roman nichts Gescheites drinsteht. Und vielleicht wäre der Beschenkten eine warme Jacke lieber gewesen. Beide beherrschen aber das Repertoire der kulturellen Ding-Kenntnis. Die Quittierung eines Weihnachtsgeschenks mit dem Zeigefinger auf der Stirn und einem gereizten "sag mal spinnst du?" gehört in den Film, aber nicht in die kulturelle Wirklichkeit.
Fragt man nach dem Ursprung des behutsamen, nicht verletzenden Umgang mit Geschenken, fällt auf, daß unserer zumeist gutwilligen Annahme von Dingen, die andere als passend zu uns empfinden, das Erlernen der Einnahme von Speisen vorausgeht, die nicht unbedingt uns, aber anderen besonders schmackhaft erscheinen. Viele wissen aus ihrer Kindheit von Besuchen bei Verwandten zu berichten, die anläßlich des Besuchs Speisen auf den Tisch brachten, die auf die noch unverdorbenen kindlichen Geschmacksnerven ekelerregend wirkten. Statt aber mit einer Gebärde des Widerwillens den Teller von sich zu schieben, was unanständig und zutiefst beleidigend gewesen wäre, wurde und wird so getan, als ob die Dinge auf dem Teller zwar unbe-

kannt, aber durchaus verzehrbar sind. Die Raffinesse der kindlichen, und nicht nur der kindlichen Esser besteht darin, nicht so schnell wie möglich die Unannehmlichkeit hinter sich zu bringen. Den Teller nach dem Motto "Nase zu und runter damit" leer zu essen, würde die Gefahr einer Nachfüllung heraufbeschwören. Ebenso wie die Lektüre des literarischen Großereignisses "in einem Zug" dem Beschenkten bei passender Gelegenheit gewiß noch mehr Werke des von ihm insgeheim verhaßten Autors einbringen würde. Also wird nur ab und zu darin gelesen. Auf jeden Fall aber, weil es sich so gehört, bis zur Hälfte. Ersichtlich kommt auch hier die kindliche Strategie der Teller-Entsorgung, aber auch die wohlmeinenden erzieherischen Strategien der Nahrungsspender zum Ausdruck, die oft auf den Kompromiß hinauslaufen, daß der Teller wenigstens bis zur Hälfte leer gegessen wird. So verliert niemand sein Gesicht. Was an die Gnade der Pause als ersehnte Rückzugsmöglichkeit von Veranstaltungen erzwungener kultureller Art und Bedeutung denken läßt. Es wird somit nachvollziehbar, daß die schauspielerische Kunst mit der Maske erfreuter Überraschung Dinge anzunehmen, die uns eigentlich nicht gefallen, sich auf die Übung stützt, etwas zu essen, was uns nicht schmeckt und trotzdem dabei den Ekel zu verbergen. Genauer, daß die eigentliche Basis der Ding-Akzeptanz beim Beschenktwerden, das Erlernen von Geschmacks-Akzeptanz ist.

Natürlich wird bei der Überreichung einer Sache oft nachdrücklich darauf hingewiesen, daß sie umgetauscht werden kann. Bei Dingen aber wie Schmuck und Einrichtungsgegenständen ist Umtausch nicht schicklich. Würde doch damit zu verstehen gegeben werden, daß unser eigener Geschmack, der doch bekannt sein sollte, gründlich mißverstanden wurde. Aber was ist der *eigene* Geschmack? Es gibt, wie sich gleich zeigen wird, wohl kein anderes zur menschlichen Existenz gehörendes Phänomen, das derart abgründig ist. Daß es mit dem Geschmack etwas Ungeheuerliches auf sich haben muß, zeigt sich allein schon daran, daß die ästhetischen Wissenschaften, die doch ein starkes Interesse an der kulturanthropologischen Erhellung des Geschmacks haben müßten, wortreich an der Sache vorbeigehen. Es wurde, von verschiedenen Blickwinkeln, immer wieder gesagt, daß Geschmack überall dort wirksam wäre, wo ein Austausch zwischen Persönlichkeit und Welt stattfindet, beide als Gegenstände voneinander gelöst sind, und doch durch stoffliche Verwandtschaft, und dynamische Bewegtheit zueinander in Beziehung stehen. Daraus ließe sich folgern, daß Geschmack so etwas wie ein künstlerisches Theorem ist. Tatsächlich befassen sich viele Erörterungen mit dem Geschmack und Geschmacksbegriff einer ganzen Epoche, oder diskutieren Geschmack im Zusammenhang mit den künstlerischen Phänomenen einzelner Stilepochen. Selbst in der modernen Kultursoziologie ist das Phänomen nur eine Sache der sozialen Differenzierung. Die Annahme drängt sich daher auf, daß die Berührungsscheu gegenüber dem eigentlichen Wesen des Phänomens etwas mit der geisteswissenschaftlichen Verdrängung des menschlichen Körpers zu tun haben muß. Daß der Geschmack aus dem Dunstkreis individueller Körperlichkeit, denn dort gehört das Phänomen hin, in die nicht mehr riechenden Gefilde der reinen bzw. künstlerischen Geistigkeit transformiert wurde. Ästhetiker scheint der Umstand zu stören, daß noch im 16. Jahrhundert Geschmack und Geruch synonym benutzt wurden. Und genau da liegt der Hund begraben.

Hören wir die folgende Allerweltsbemerkung. "Also die neue Wohnung von den Raichles ist ja schön und gut, aber das Bild, das die im Wohnzimmer überm Sofa hängen haben, das stinkt mir gewaltig." Das ist äußerst bedenklich. Vom Bild überm Sofa wird gesagt, daß es unangenehm durch die Nase geht. Weniger fein aber auch sehr umgangssprachlich wäre zu sagen, daß es zum Kotzen ist. Als Brechmittel wäre das Bild überm Sofa eine ausgesprochene Geruchssache. Die man freilich nicht wirklich riechen kann. Worauf ist dieser Widerspruch zurückzuführen? Auch wenn es nichts Schönes ist, daran zu denken, will aber doch bedacht sein, daß jene Sache, die auf Papier immer nur mit einem Sch und drei dahinter stehenden Pünktchen angedeutet wird, die individuellste Angelegenheit ist, die es gibt. Und zwar deshalb - es ist eine Erfahrung, die Schulkinder offen untereinander austauschen - weil der Geruch aller anderen Defäkationen, nur nicht derjenige der eigenen, unannehmbare Unlustgefühle hervorruft. Einige scheinen sogar - lange Sitzung - ein ausgeprägtes Lustgefühl daran zu entwickeln. Aber allein schon der Gedanke über einem fremden Geschäft zu brüten, wäre allerdings absolut unannehmbar. Das würde im wahrsten Sinn des Wortes stinken und körperlichen Reaktionen Vorschub leisten, die überall und an jedem Tag, und besonders jeden Abend vor dem Fernsehgerät deutlich akzentuiert zur Sprache kommen, hier aber nicht noch eingehender erwähnt werden müssen. Weil ja auch die Thematik, wie man sieht, an sich schon starke Unlustgefühle hervorruft. Immerhin aber dürfte ersichtlich durch die

Nase gegangen sein, woran wir *nicht* denken, wenn wir uns über den Geschmack anderer Leute ereifern. Jetzt ist auch klar, was es mit jener selbst von Philosophen vermittelten Volksweisheit auf sich hat, derzufolge man sich über den Geschmack nicht streiten kann. De gustibus non est diputandum deshalb, weil durch die Disputationen die Geschmäcker, von denen heute noch der Volksmund sagt, daß sie nun mal verschieden sind, nicht aus der Welt verschwinden.
Mit stoischer Resignation die ästhetische Weisheit der kollektiven Nase anzuerkennen, war früher nicht gerade einfach. Hinsichtlich unserer hygienischen Standards, die heute so selbstverständlich anmuten wie elektrisches Licht, ist es schwer sich vorzustellen, daß die Menschen früher, um es einmal milde auszudrücken, eine unüberriechbare individuelle Körperatmosphäre ausströmten. Die durch harte körperliche Arbeit und ein Dasein ohne Badezimmer, mit all seinen reinigenden und pflegenden Duftprodukten, und ohne die Möglichkeit des täglichen Wäschewechsels geruchsintensiv begünstigt wurde. Außerdem herrschte in den Mauern der Städte, und auch in den Häusern der Dörfer, eine inzwischen schier unvorstellbare räumliche Enge, in der sich niemand den Körperatmosphären entziehen konnte. Liebe als ein Massenphänomen bestehend aus mimetischen settings ist unter diesen Umständen schwer vorstellbar.
Wenn nun die Leute in früheren Jahrhunderten einen sehr ausgeprägten Geschmack (Geruch) hatten, wenn sie außer der eigenen Nase alle anderen Nasen schlicht und einfach gestunken haben; wie ist es dann möglich, daß sie, eingedenk der aggressiven Reizbarkeit, die der Geruchssinn hervorruft, ihre soziale Nähe ertrugen? Die Lösung dieses Problems ergibt sich aus der ästhetischen Weisheit der kollektiven Nase. Wenn es sinnlos ist, sich über Geschmack zu streiten, weil die Geschmäcker durch den Streit nicht aufhören zu riechen, ist die abstoßende Verschiedenartigkeit des jeweils eigenen Geschmacks durch eine geschmacksverbindende Gemeinsamkeit zu überwinden. Dazu bieten sich gemeinsame Weltanschauungen, Wertungen und Vorstellungen an. Vor allem aber Stil. Es wäre natürlich eine ungebührende Vereinfachung zu sagen, daß etwa die romanische oder gotische Bauweise aus dem Wunsch, oder gar aus einer ins Auge gefaßten Notwendigkeit heraus entstanden wäre, die Irritation, die der Geruchssinn bedingte, durch Form zu überwinden. Um ein anthropologisches Sublimierungsprinzip handelt es sich aber dennoch. Stil integriert in die Allgemeinheit. So wie der eigene Geschmack auf-

grund seiner inneren Logik nur sich selbst eigen sein kann, ist Stil, und das nicht nur in der Architektur, ein ästhetisches Ordnungsgefüge - Ausdruck eines Gemeinsinns. Es ist angebracht, hier noch einige Worte hinzuzufügen, bevor auf den Geschmack zurückgekommen werden kann.

Das Wort 'Stil' kommt aus dem griechischen Wort "stylos" und bezeichnet ursprünglich die Anordnung der Tempelsäulen. Die Tempel selbst waren zumeist auf einer Anhöhe errichtet, so daß der Anblick von "stylos" die Betrachter daran erinnerte, auch wenn es nur einen Augenblick aus den Niederungen des Alltags heraus geschah, daß es eine daraus herausragende Ordnung gibt. An diese tiefenpsychologische Funktion von stylos erinnert noch die Gebärde des erhobenen Zeigefingers, die, gerade wenn man sie Kindern zeigt, als ein zur Ordnung mahnendes Zeichen verstanden sein will. Tatsächlich ist Stil, sei es nun in der Mode, im Autodesign, in der Musik und in der Liebe, ein System der Ordnung. Ordnung aber nicht in jener etwas bedenklichen Bedeutung, wie sie typisch deutschen Hausfrauen, sofern es sie überhaupt gibt, geläufig sein mag, sondern in der Bedeutung von passender Zuordnung. Jeder Stil, der Stil der amerikanischen Autos aus den späten 50er Jahren, um ein besonders anschauliches Beispiel zu nennen, besteht aus einer Reihe von typischen Stilmitteln. Und in ihrer Gesamtheit fügen sich diese Stilmittel - Heckflossen, Zierleisten und dergleichen - zu einem jeweiligen Stilträger der späten amerikanischen 50er Jahre zusammen, etwa zu einem CHEVROLET Impala. Ebenso wie ein Punk der 80er Jahre durch die richtige Zuordnung der entsprechenden Stilmittel sich selbst zu einem unverkennbaren Stilträger des Punk modellierte. Bei all dem bedarf es der Fähigkeit, die passende Auswahl zu treffen.

Und das ist eine am jeweiligen Stil sich orientierende Geschmackssache. Geschmack, in einer modernen Bedeutung des Worts, besteht in der Fähigkeit, sich in Dinge einzufühlen, die in einem bestimmten Verhältnis zueinander stehen oder stehen könnten. Daher ist es nicht zulässig, Geschmack und Stil synonym zu nennen. Geschmack ist grundsätzlich eine individuelle Fähigkeit, Stil hingegen ist grundsätzlich etwas Allgemeines. Es kann daher, auch wenn in der Werbung und in Modezeitschriften noch so viel davon die Rede ist, keinen persönlichen Stil geben. Auch nicht in der Liebe.

3.3 NEID UND EIFERSUCHT

Vereinfachend vorweggenommen, bezieht sich Eifersucht auf Personen und der Neid auf die Dinge der Personen. Die Eifersucht ist ein Gefühl, das aus der Furcht erwächst, daß die geliebte Person die Enklave verlassen könnte. Der Neid ist dagegen ein Zustand, der sich als Reaktion auf eine als niederschmetternd aufgefaßte Benachteiligung rechtfertigt. Ähnlich wie Süchtige ihren Drogen, sind Eifersüchtige ihren eifernden Gedanken an den jederzeit möglichen Verlust ausgeliefert. Eifersüchtige glauben, daß der Verlust gerade stattfindet. Überall sind die Spuren der gerade im Gang befindlichen Verlustzufügung erkennbar. Die Indizien sind nicht mehr von der Hand zu weisen. Die Beweislast kann jederzeit zusammengetragen und mit der Frage: "glaubst du wirklich, ich bin so dumm?" dem anderen aufgebürdet werden. Für Neider hingegen ist der Verlust eine schon unumkehrbare und deshalb zur Verzweiflung treibende Tatsache. Werden doch die Dinge des Beneideten als persönliches Eigentum betrachtet, das nur durch fatale Umstände, durch schreiende Ungerechtigkeit, durch aberwitziges Pech eben, dahin gelangt ist, wo es von rechts wegen gar nicht hingehört. Daß der Neid sich auf die Begleitumstände der An-Dingung bezieht, geht schon aus einer im Altertum zirkulierenden Empfehlung hervor, derzufolge es besser ist, ein Gegenstand des Neids als des Mitleids zu sein. (Milobenski, E. *Der Neid in der griechischen Philosophie*. Wiesbaden 1964, S. 11) Der Neid könnte von dieser Perspektive aus gesehen als eine Sache der praktischen Anthropologie aufgefaßt werden, dessen psychologische Hintergründe sich dadurch erklären, daß jemand, der bemerkenswerte Werte hat, von vornherein mit Mißgunst rechnen muß. Ein anonymer Autor (Anonymus Iamblichi) bekundet, daß man über einen, der viel besitzt ungerechtfertigterweise die Unwahrheit sagt, um den wahren Wert einer Sache herabzusetzen und in Abrede zu stellen. (ebd. S. 12) Die Reserviertheit, die der anonyme Autor erkennt, muß allerdings auch im Hinblick auf die Beweggründe betrachtet werden, die dem Streben nach bemerkenswertem materiellen Reichtum vorangehen. "Macht und Reichtum" sagt Aristoteles, "erstrebt man nämlich um der Ehre Willen und die sie besitzen wollen um ihretwillen geehrt werden." (Nikomachische Ethik, Über Seelengröße) Sehr wahrscheinlich ist es nur die Kenntnis dieser Beweggründe, die uns davon abhält, pathologische Neider zu sein. Die Kenntnis dieser Sachlage

erlaubt es, bei gegebenen Anlässen fremde Besitzgüter mit angemessenen Worten und Gesten zu würdigen. Weil uns ja dabei selbst, wie bei solchen Gelegenheiten hinter vorgehaltener Hand gesagt wird: "kein Zacken aus der Krone fällt". Neider neiden im Stillen. Häufig sogar heimlich. Es liegt ihnen nichts daran, mit den Beneideten persönlichen Umgang zu pflegen. Und falls das unumgänglich ist, lassen sie sich ihren Neid nicht anmerken. Je ungerechtfertigter dem Neider die Besitzstände und je unerträglicher das gnadenlos zur Schau gestellte Selbst-Image des Besitzenden wirkt, desto gerechter erscheinen die Demütigungen und Qualen, die auf den Glücklichen projiziert werden. Daß er von einem heimtückischen Leiden dahingerafft oder durch einen Unfall für den Rest seines Lebens querschnittsgelähmt in den Rollstuhl genötigt werde. Daß ihm alles abgenommen wird, was ihm gehört, sein Sohn entführt und getötet werde, oder daß doch wenigstens seine Frau ihn mit dem Gärtner betrügt. Neidische sind stille Genießer. Der Beneidete geht durch die scheußlichsten Qualen, die das menschliche Gehirn imstande ist auszuwürgen, ohne daß von diesem Genuß etwas nach draußen dringen würde. In den meisten Fällen sind Neidische mit sich selbst und dem, was sie haben, rundum zufrieden. Strategien wie dem Glücklichen seine Sachen zu entwenden und in den eigenen Besitz zu bringen wären bleiben unentwickelt. Die dumpfe Monotonie des Neids kann diese Strategien auch nicht hervorbringen. Denn die mahlenden Fragen, die das Martyrium und die Lust des Neidischen beherrschen, lauten: "weshalb bin ich nicht ein anderer?" und "weshalb ist er, was ich nicht bin?"
Diese Fragen stellen sich auch die Eifersüchtigen. Allerdings in einem völlig anderen Zusammenhang. Neidische wollen die Dinge der Beneideten nicht. Für Neidische, wie übrigens auch für Heilige und Revolutionäre, sind die Dinge Antimaterie, ein Abstoßungspol, in dem sie sich nicht erkennen können. Was den Beneideten eigentlich erst zum Fremden macht. Dennoch, Neid als psychologischer Zustand zerstört nichts. Wohl aber, wie man weiß, die Eifersucht die Liebe. Wenn wir Liebe als eine zeitbegrenzte Enklave im Multiversum der Persönlichkeit der Dinge auffassen, können wir Eifersucht als die eifernde Suche nach Dingen betrachten, die den ehemals "keimfreien" Zustand der Enklave zu verseuchen drohen. Das Repertoire der damit verbundenen Dramatik hat reale Hintergründe. Sexuelle Ausschließlichkeit ist darauf zurückzuführen, daß sich jemand im anderen gefunden zu

haben glaubt. Die Freude über diesen Fund drückt sich in einem beiderseitigen Finderlohn aus. In der Großzügigkeit, über die früheren sexuellen Beziehungen der geliebten Person hinwegzusehen. Das sich finden im anderen bewirkt überdies stets eine mehr oder weniger stark ausgeprägte doppelte Anbindung. Wer liebt, nutzt bewußt und unbewußt jenes durch Liebe zustande gekommene Zutrauen in die eigene Person um den anderen zu behalten. Das Dasein zu zweit wird somit zum mimetischen setting im Bildschirm des ureigensten Territoriums, in dem der Partner oder die Partnerin ebenfalls bildgestaltend ist. Das Dilemma mit der eifersüchtigen Inquisition ist stets, daß in Eifersüchtigen der Wunsch herrscht, das Bild möge bestehen bleiben, obwohl es sich durch die Praxis der Inquisition schon aufgelöst hat. Eifersüchtige wollen etwas zusammenhalten, was sie durch ihre Eifersucht auseinandertreiben. Man ist heute soweit, die Eifersucht als Krankheit zu bezeichnen. Entweder als Syndrom einer Grundkrankheit, wie etwa Alkoholismus. Als entwicklungs- bzw. milieubedingte Fehlentwicklung der Persönlichkeit. Als Inhalt einer Psychose, oder als Syndrom bei manisch-depressiven Krankheiten. Normalerweise verbinden wir die Eifersucht mit der sexuellen Eifersucht. Ergebnisse eines diesbezüglichen globalen Kulturvergleichs zeigen, daß in 45 von 77 Ethnien, in denen Gewalt gegen Frauen untersucht wurde, als Begründung mit 56 % sexuelle Eifersucht die vordergründigste Position einnahm. (Bruck, H. *Sexuelle Eifersucht, Erscheinungsformen und Bewältigungsmöglichkeiten im Kulturvergleich*, Opladen 1990, S. 47) Von spektakulären sexuellen Eifersuchtsdramen erfahren wir gelegentlich durch die Medien. Im allgemeinen aber ist sexuelle Eifersucht kein wirkliches Problem. Wohl eher ist diese Angelegenheit, auf jeden Fall bis zu einem gewissen Grad, das, wie ältere Italiener es beschrieben und besungen haben; fremde Salz in der vertrauten Suppe des Alltags. Das freilich aus einem puren Selbsterhaltungstrieb, so wie er sich im Zeitalter von AIDS ausgebreitet hat, nunmehr ziemlich spärlich vorhanden sein dürfte. Zudem ist, zwar nicht in Liebesbeziehungen, aber in den meisten Ehen ein Seitensprung auch nicht gerade eine Katastrophe, sofern glaubwürdig versichert werden kann, daß keine Gefühle mit im Spiel waren. Außerdem, und was in diesem Zusammenhang noch wichtiger ist, richtet sich in Liebesbeziehungen die eifernde psychologisch-kriminalistische Suche auch gar nicht auf die Heranbringung des endgültigen Beweises, daß es die geliebte Person mit einer anderen "getan" hat, sondern auf die Erkundung, *was* die andere Person da draußen so anziehend macht, so daß "es zu tun" jederzeit eintreffen könnte, falls es nicht schon eingetroffen ist.

Wie der Neid ist die Eifersucht eine pathologische Kulturkritik am Zustand des Habens als Da-Sein für andere. Vergeht aber der Neidische genußvoll in der Glut seines Daseins als Nicht-Habender, laufen Eifersüchtige mit der Frage Amok, "was haben andere, was ich nicht habe?" Eifersüchtige offenbaren sich notgedrungen, ganz egal, was sie haben oder nicht haben, als glanzlose Minderbemittelte, die felsenfest davon überzeugt sind, daß die geliebte Person den Gegenstand der Liebe aufgibt, bloß weil irgend jemand von irgend etwas mehr hat. Das ist irrational. Wie alle starken Veränderungen beginnt die Eifersucht auf leisen Sohlen mit der Frage "an was denkst du?" Auf ihrem Höhepunkt erinnert die rasende Eifersucht an die verzweifelte Abwehrschlacht gegen den unaufhaltsam Besitz ergreifenden Tod in den kranken Häusern. Aber ebenso wenig wie der Tod sich durch die medizinisch-technischen Kampfmittel, der rasenden Suche nach Schwachstellen im Sterben stören läßt, kann auch keine Inquisition das Ende der Liebe aufhalten. Eifersüchtige verlieren alles, obwohl sie eigentlich gar keinen Verlust zu befürchten haben. Es sei denn, es besteht ein masochistischer Genuß an der Vorstellung, alles zu verlieren. Neidische sind einen Schritt weiter, haben sie doch alles verloren, was sie noch nie besessen haben.

3.4 GOLD WIE SAND AM MEER

So wie Liebende sich als exklusiv füreinander empfinden, "du bist für mich alles auf der Welt", melden sich auch die Dinge "exklusiv für Sie" zu Wort. Und das, obwohl aufgrund ihrer Serialisierung von Ausschließlichkeit, in welcher Art und Weise auch immer, bestimmt nicht die Rede sein kann. Es ist möglich, wenn man unbedingt will, den Exklusivitätsanspruch aus der Warenseele herzuleiten, und damit eine Erklärung für die verführerischen bis anmaßenden Töne der Warensprache zu bekommen. Man kann sich der Sache jedoch auch von einem anderen Blickwinkel aus nähern. Einer Frau, die sich gerade in einen Mann verliebt hat, liegt nichts ferner als daran zu denken, daß es, wie einmal in einem Schlager gesungen wurde "Männer wie Sand am Meer" gibt. Sie will ja, wenigstens für die Hoch-

Zeit der Liebe, nur diesen bestimmten Mann. Daß es sich bei ihrem Mann tatsächlich nur um einen Mann handelt, ist für sie vollkommen belanglos. Sie will nichts davon wissen, daß es sich bei ihrem Mann nicht um einen Einzelfall handelt. Ebensowenig wie jemand, der eine emphatische Neigung zu BANG & OLUFFSON Hi-Fi-Geräten empfindet, zur "Technik zum Verlieben" wie der Slogan der Firma sagt, etwas davon wissen will, daß eben jene Technik mit der Technik anderer Hersteller so identisch ist, wie Sand mit Sand am Meer.
Jeder Käufer weiß das, will es aber nicht wissen. Den Mann nicht als Mann unter Männern, den Sand nicht als Sand am Meer zu sehen, entspricht dem Bedürfnis, jemand oder einer Sache Zuwendung als Ausschließlichkeit zukommen zu lassen. Als aktive Extraversion, als Wunsch, in einem bestimmten Moment einer Person oder Sache alles zu geben, was man hat. Beispielsweise in sexueller Hinsicht der geliebten Person, oder in technischer Hinsicht, dem geliebten Auto vor der Urlaubsreise. Im extrovertierten Zustand wird positiv gefühlt, gehandelt und gedacht. Es liegt in der Natur unserer Dinge, diesem menschlichen Zustand entgegenzukommen, indem sie sich so wie Personen als Extraversionen erkenntlich zeigen. Dabei drücken sie sich deutlicher aus wie Personen. Liebende können sagen, "ohne dich wäre ich nichts". Dinge sagen hingegen klipp und klar, "ohne mich bist du nichts!" Und wirklich sind wir ja ohne unsere Dinge nichts. Es ist daher gar nicht notwendig, die Dinge als Aristokraten in Erscheinung treten zu lassen. So wie mechanische Uhren, die in ihrer Selbstanpreisung versichern müssen, die Aristokratie käuflicher Dinge zu verkörpern. Die Uhren müssen sagen, daß in ihnen einzigartige Qualitäten enthalten sind. Eine von Generation zu Generation weitergegebene Uhrmacherkunst, die mit handwerklicher und ästhetischer Feinfühligkeit zeitüberdauernde Einzelstücke herstellt. Allerdings ist jede mechanische Uhr ein erstaunlich simples Räderwerk, das der Verzögerung der Abschwächung einer Spannung dient. Die Zusammensetzung des Räderwerks, die Handwerkskunst, ist eine relativ einfache, schnell zu bewerkstelligende und daher äußerst kostengünstige Angelegenheit. Die Differenz zwischen den Herstellungskosten einer teuren, prestigeträchtigen Uhr und ihrem Verkaufspreis im Schaufenster des Händlers ist in ihrer Absurdität unübertroffen. Was selbstverständlich niemand vom Kauf einer teuren prestigeträchtigen Uhr abhält. Ihre Anschaffung lohnt sich. Denn gerade solche Uhren kommen uns bei der Prägung unseres Kultur-Ich entgegen, indem sie uns

die Uhrzeit, und anderen gleichzeitig den materiellen Stilwert unseres zeitgemäßen Selbst-Images zeigen.

3.5 AN WAS DENKST DU?

Niemand, der diese Frage nicht schon einmal gestellt hätte. Und niemand, dem sie nicht schon einmal gestellt worden wäre. Sie wird in Situationen gestellt, in denen der andere abwesend und weder mit sich selbst noch mit etwas anderem richtig beschäftigt zu sein scheint. Die Frage ist das Anerbieten, aus dieser Situation etwas Positives zu machen. Teilzuhaben an vielleicht neuen, bislang noch unausgesprochenen Gedanken zu Aspekten, die mit der Beziehung direkt oder indirekt etwas zu tun haben. Und niemand, der auf diese Frage nicht schon die ausweichende Antwort "ach nichts" bekommen hätte. An nichts? An irgend etwas muß man doch denken, und oft setzt sich deshalb das "ach nichts" dem Verdacht aus, nur mundfaul zu sein, oder aus guten Gründen etwas zu verheimlichen. Niemand, der nicht etwas zu verbergen hätte, auch wenn es nichts wirklich Schlimmes ist, und sich unbehaglich dabei fühlt, daß es der andere entdecken könnte, und vielleicht sogar schon entdeckt hat. Aber abgesehen davon, ob solche Befürchtungen begründet sind oder nicht, setzt die Frage etwas voraus, was es in der Form und dem Zustand, in dem es sich im Sinn der Frage vorgestellt wird, gar nicht geben kann. Was es nicht gibt, ist das Du als eine bestimmte Person, die "da" ist, und an irgend etwas Bestimmtes denkt. Das ist ein Irrtum, der viele Mißverständnisse aufkommen läßt. Die Sprache gaukelt uns vor, daß "du bist", aber in Wirklichkeit bist du nicht. In Wirklichkeit kann ich gar nicht von "dir" erwarten, daß du die Frage, an was du denkst, beantworten kannst. Deshalb nicht, weil du etwas bist, in dem ein ununterbrochenes Kommen und Gehen herrscht, und weil du selbst nichts anderes als ein ununterbrochenes Kommen und Gehen bist. Es ist im amerikanischen gebräuchlich, von sich oder einem anderen zu sagen "in the middle of nowhere" zu sein. Was als existentieller Zustand bedeutet, daß wir selbst um uns kreisen, ohne uns in den Griff zu bekommen, weil wir selbst Teil der Bewegung sind.
Und wir sind in Bewegung, treten unablässig in verschiedenen Vorstellungen auf, die eine Unzahl von Situationen durcheilen. Es trifft daher zu, daß in unserem Bewußtsein zu keiner Zeit bewußtes Sein,

und über verschiedene Zeiten hinweg auch keine Identität besteht. Auf jeden Fall nicht als eine in sich geschlossene und nach außen abgegrenzte Sache, die auf die Frage Antwort geben könnte, an was sie denkt. Wir können nicht wir sein, weil wir nicht mit uns allein sind. Gefühle und Gedanken kommen und verschwinden. Eben noch die Einzelheiten eines Telefongesprächs von gestern, das Gefühl durstig zu sein, die Einzelheiten eines Science fiction Films, und zwischendrin Gedanken an Besorgungen, die im Verlauf des Tages erledigt sein wollen. Nach spätestens drei Sekunden haben sich so viele Gefühle, Gedanken, Situationen, Vorstellungen und Wünsche offenbart, daß ein routiniertes Hollywoodteam gut ein Jahr lang zu tun hätte, um einen Film daraus zu machen. Ohne damit behaupten zu wollen, daß an eine solche entsetzliche Mühe auch nur zu denken, im entferntesten berechtigt wäre. Nicht, daß wir Blätter am Baum wären, die der Wind hin und her bewegt. Wir sind der Wind und die Blätter. Die Person, die wir fragen, an was sie denkt, ist „nur" ein unüberblickbares Ensemble kommender und gehender und in Wechselbeziehungen zueinander stehender Erscheinungen im planetarischen Kultur-Ich.

3.6 DAS BODY UNIVERSUM

In aktuellen Geisteswissenschaften ist der menschliche Körper entdeckt worden. Als emanzipatorisches Instrument gegen Wissenschaft, instrumentelle Vernunft und abstrakte Rationalität. Die chaotisch-anarchischen Bewegungsformen des Körpers, von denen sich die Wissenschaften asketisch distanziert hatten, erfahren nunmehr intellektuelle Zuwendung. Das Streben nach reinem Bewußtsein, Klarheit und Sauberkeit des Denkens, was durchaus als eine Überwindung des Ekels vor der Leiblichkeit der menschlichen Existenz aufgefaßt werden kann, umarmt nunmehr mit den Errungenschaften methodisch-systematischer Disziplinen den Körper.
Jedoch ist Zurückhaltung angebracht, denn der Körper wird als Gegenstand aufgefaßt, der sich in unserem Besitz befindet. Genau genommen ist zwar der Körper die Keimzelle des Habens, gleichzeitig aber ein Ding, das wir nicht haben können. Wir werden müde, wenn wir nicht müde sein wollen, krank und gereizt, wenn es uns unangenehm und peinlich ist. Immer sind es körperliche Zustände, die uns nöti-

gen, etwas zu tun, damit sie vorübergehen. Statt von einem Besitz des Körpers zu sprechen, wäre es tatsächlich richtiger zu sagen, daß der Körper uns besitzt. (Marcel, G. *Haben und Sein*, Paderborn 1968, S. 177) Einmal ganz davon abgesehen, daß der Körper gar nicht anwesend ist. Ständig kommt etwas in den Körper hinein, was nicht in ihm bleibt. Jede Mahlzeit, jedes Getränk, jede Zigarette; immer wird etwas zum Ich. Ich esse, ich trinke, ich rauche etc., nur um kurz darauf Vergangenheit zu werden. Wenn man sich das wirklich einmal vorstellt, eingedenk von dem, was eben über das "Du" gesagt wurde, wird das "Ich liebe Dich" zu einer schier unlösbaren Problematik, die den Liebenden aber dennoch irgendwie bewußt zu sein scheint. Die Liebenden fragen sich nämlich gegenseitig, warum sie sich lieben. Nur um dann Merkmale und Eigenschaften aufzuzählen, die dem Prozeß der Flüchtigkeit unterworfen sind und immer nur für einen kurzen Moment liebenswert erscheinen können.

Die Augen beispielsweise, die in der Anfangsphase erotischer Beziehungen eine so große Rolle spielen, in denen sich jene Welt spiegelt, nach der sich die Liebenden schon immer gesehnt haben. Aber es gibt diese Augen, als Teil des Körpers, nur in diesen Augenblicken. Das ansonsten unüberblickbare Ensemble des anderen wird nur in diesem Augen-Blicken zu einem Selbst. Nur der kurze Zustand der Liebe vermag dem körperlichen Dauerzustand des Kommens und Gehens im Augen-Blicken die Form eines Stillstands zu geben. Und dieser Stillstand im Hier und Jetzt der mimetischen settings der Liebe muß zwangsläufig zur romantisch verklärten Erinnerung werden. Weil nach seiner kurzen Formwerdung - in den Augen - das Ensemble kommender und gehender und in Wechselbeziehungen zueinander stehenden Erscheinungen, wie nach einer Pause, erneut ihre Hektik entfalten, und für den anderen unüberblickbar zu werden beginnen. Was damit endet, daß sich die Liebenden "nicht mehr in die Augen schauen" können. Die Liebe kann nicht von Dauer sein, weil das einzige, was in uns von Dauer ist, in der körperlichen Flüchtigkeit des Ensembles besteht. Es gibt somit nichts, was wir an jemand lieb "haben" könnten. Es sei denn, unsere flüchtige Ich-losigkeit im gemeinsamen Haus, das wir nicht besitzen. Was wir an anderen Menschen lieben können, sagt Nietzsche, ist, daß wir eine Brücke und kein Zweck, ein Übergang und ein Untergang sind. Wären wir in der Lage, das an uns zu lieben, würden wir nie die Distanz zueinander verlieren.

Aber auch zu den Dingen, die uns viel, und gelegentlich zu viel bedeuten, verlieren wir oft die Distanz. Bei vielen Dingen neigen wir dazu, sie von einem bestimmten Moment an nur noch mit unseren eigenen und nicht mehr mit den Augen anderer zu sehen. Wir neigen dazu, sie einseitig zu sehen. Die Persönlichkeit der Dinge wächst dabei auf eine geheimnisvolle Art und Weise immer mehr mit uns zusammen. Während in persönlichen Beziehungen eine entgegengesetzte Tendenz wirkt. Personen, auch unsere Nächsten und Liebsten, werden uns im Verlauf der Zeit aus ganz natürlichen Gründen immer fremder, wie wir selbst ihnen auch. Individuen sind verschieden und entwickeln sich in verschiedene Richtungen. Die Persönlichkeit unserer Dinge hingegen bleibt immer das, was wir selbst einmal waren, als sie zu einem Teil unserer Persönlichkeit wurde. Nicht zuletzt auch deshalb "hängen" wir so an unseren Dingen.

4 AUSBLICK AUF DEN GANG IN DIE DINGE – DER KOSMOSOPHISCHE WEG ZUR BEGEGNUNG MIT UNS SELBST.

In Stanley Kubricks großartigem Science-fiction Epos *2001* ist in den ersten Szenen zu sehen, wie einer unserer affenähnlichen Vorfahren rein zufällig entdeckt, daß ein gewaltiger Knochen als Hand-Werkzeug dazu dienen kann, einen Artgenossen totzuschlagen. Man sieht dann eine Weile in Großaufnahme, vor dem Hintergrund eines strahlend blauen Himmels, den zum Hand-Werkzeug avancierten Knochen in der Luft herumwirbeln. Und plötzlich ist genau an der Stelle, an der eben noch eines der ersten Werkzeuge des Menschen zu sehen war, ein in vollendet majestätischer Würde dahingleitendes Raumschiff. Das Raumschiff ist damit als vorläufige Kulmination in der Geschichte der menschlichen Werkzeuge inszeniert. Im Verlauf des Films wird gezeigt, wie sich der Geist dieses Werkzeugs zur Erkundung des Weltraums, ein Computer mit menschlichen Empfindungen, gegen die Menschen auf dem Raumschiff wendet.
Der Film ist von einem damals zeittypischen und nach wie vor tonangebenden Kulturpessimismus geprägt. Die perfekt inszenierte, sinnliche Faszination, die von der Technik des Raumschiffs ausstrahlt, ist in die erschreckende Möglichkeit projiziert, daß sich das Faszinationsobjekt Technik gegen uns erhebt. Die Botschaft ist klar und bekannt. Der Mensch sollte, um nicht in Gefahr zu geraten als Mensch zurückgestuft zu werden, keine künstlichen Stellvertreter von sich selbst schaffen. Und wovor angesichts der wissenschaftlich-technischen Entwicklungen seit Jahrzehnten schon gewarnt wird, das wird auch im Hinblick auf unsere Dinge gesagt. Es gehört zum kulturkritischen Allgemeingut, gegenüber der Faszinationskraft käuflicher Dinge die Distanz der Individualität zu wahren und sich nicht von ihr vereinnahmen zu lassen.
Man wird sagen, daß jemand, der die genau entgegengesetzte Position zu diesbezüglichen Standpunkten und Wertungen einnimmt, so etwas wohl nur hinsichtlich einer möglichen Effekthascherei von sich gibt. Die Standpunkte zur hier vorgestellten und in ihrer Gesamtheit vielleicht erschreckend unkritisch anmutenden Position, sind allerdings in der Ideetradition einer kulturtheoretischen Anthropologie zu sehen, die am Beispiel der Anfänge der Technikphilosophie abschließend noch einmal illustriert werden kann.

Im Vorwort zu den 1877 erschienenen "Grundlinien einer Philosophie der Technik. Zur Entstehungsgeschichte der Cultur aus neuen Gesichtspunkten", erklärt der nunmehr nahezu in Vergessenheit geratene E. Kapp die anthropologische Perspektive seiner Nachforschungen. Kapps grundlegende These läuft darauf hinaus, daß die aus der Hand des Menschen stammenden Werkzeuge, Maschinen und Kommunikationsmittel symbolische Äußerungen des menschlichen Organismus sind. Kapp sah die Formen, Verhältnisse und Funktionen des menschlichen Körpers symbolisch auf die Werkschöpfungen übertragen. Für Kapp entspricht beispielsweise der Hammer der Faust, die Zange den Zähnen und das Fernglas den Augen. Maschinen sieht Kapp als symbolische Äußerungen des menschlichen Energiekreislaufs, eiserne Konstruktionen als Metaphern des Knochengerüsts und das elektrische Telegraphensystem als Entsprechung des menschlichen Nervensystems.

Kapp wurde gründlich mißverstanden! Sein Anliegen bestand nicht darin, mit derartigen Gestaltgleichheiten eine These zu untermauern. Es ging ihm dabei vielmehr um die Illustration des Gedankens der unbewußten "Organprojektion". Sein Interesse galt dem sich "Nach-Außen-Setzen" des Menschen. Es wird einem dazu, und besonders im Hinblick auf die Beispiele, die Kapp anführt - von denen auch seine Kritiker großzügig einräumten, daß einige davon sehr treffend sind - der Spruch des Sophisten Protagoras einfallen. Protagoras sagte, daß der Mensch das Maß aller Dinge ist. Aber im Vergleich zur metaphorischen Aussage des Protagoras hat Kapps Organprojektionstheorie einen durchaus objektivierenden Charakter. Wie Hegel sieht nämlich Kapp in Wissenschaft und Technik zwar Äußerungen des aus sich herausgehenden Menschen, gleichzeitig in ihnen aber auch *Quelle und Ziel einer ständigen Rückkehr des Menschen zu sich selbst*. Der Logik dieser Perspektive zufolge müssen alle technischen Neuerungen als eine schrittweise Vermenschlichung jener Errungenschaften aufgefaßt werden, mit der wir uns auf der Erde heimisch machen. Beim gegenwärtigen Stand der Entwicklung wäre auf die rasant verlaufende und mittlerweile global vernetzte Technisierung der menschlichen Gehirntätigkeit hinzuweisen. Ebenso wie auf die Fortschritte bei der technisch möglichen Reproduktion der Gattung Mensch durch genmanipulierte Embryonen. Allerdings, und das ist das Entscheidende daran, weist Kapp ein nur organprojektives Verständnis der Technik nachdrücklich von sich. Seine philosophischen

Auslegungen zielen darauf ab, daß alles, was es auf der Erde gibt, dazu bestimmt ist, Teil des menschlichen Geistes zu werden. Wie das fortschreitende Patentieren von Pflanzen und Tieren zeigt, scheint das in der Tat eine planetarische Entwicklungstendenz zu sein. Für Kapp verkörpert die Technik die Krönung aller vorausgegangenen Entwicklungsstufen und ist daher dazu bestimmt, die anfänglich nichtmenschliche Welt durch ihr Wesen zu vermenschlichen. Kapp glaubte, daß diese Entwicklung unserer kosmischen Natur entspricht, zu der er uns in anthropozentrischen Wechselbeziehungen lokalisierte. In seiner Philosophie der Erdkunde, die der Organprojektionstheorie vorausgeht, gibt es im Hinblick auf den "Hebelapparat" eine kosmosophische Bemerkung, die ohne weiteres auf die nunmehr weltumspannende Technik übertragen werden kann. Der Hebelapparat wäre nicht nur die Entsprechung der menschlichen Armbewegung, weil der menschliche Geist, der beides in Bewegung setzt, Teil der kosmischen Bewegung ist. "Ist es doch der Geist selbst, welcher weniger das Glied in Bewegung setzt, als vielmehr in der Gliederung in Bewegung ist." (Kapp, E., *Allgemeine Erdkunde in wissenschaftlicher Darstellung*. Braunschweig 1868, S. 37)

Von der Einsicht in die Richtigkeit dieses Ganzheitskonzepts, das an die Philosophie Heraklits denken läßt, ist schwerlich loszukommen, wenn man es erst einmal aufmerksam bedacht hat. Im krassen Gegensatz zu diesem kosmosophischen Konzept steht die Angst vor der Entfesselung der Technik. Der Angst, daß sie, wie übrigens schon in Chaplins *Modern Times* zu sehen ist, den Menschen zurückstuft und zum Narren macht. Günther Anders hat sogar behauptet, daß wir angesichts technisch perfektionierten Gegenständen Scham empfinden. Eine "Prometheische Scham", die uns hinsichtlich der Vollkommenheit unserer Geschöpfe befallen würde. (Anders, G., *Die Antiquiertheit des Menschen. Über die Seele im Zeitalter der zweiten industriellen Revolution*. München 1956, S. 23) Die Scham kein Ding zu sein, würde uns zu "Hofzwergen" unserer eigenen Technik machen. Zwar war die Angst vor der Maschine, bzw. dem Automaten, schon immer die Angst vor dem besseren, schnelleren, klügeren Menschen. Daher erklärt sich die anfängliche Berührungsscheu gegenüber technischen Erneuerungen. Es gibt jedoch keinen Arbeiter, der sich darüber schämt, daß Roboter in qualitativer Hinsicht bessere Autos fertigen. Es gibt wohl auch niemand, der am Straßenrand steht und sich darüber schämt, kein PORSCHE zu sein. Vielmehr wird doch alles

Menschenmögliche getan, um in einer solchen Sache vollkommen aufzugehen. Die Bewegung des nach Außen Gehens, an ein Ding heran, oder in ein Ding hinein, ist immer eine antropozentrische Bewegung zur Begegnung mit jenem planetarischen Wesen, das sowohl wir selbst, wie auch die Dinge verkörpern, zu denen wir uns hingezogen fühlen. Wenn, wie heute, der größte Teil unserer emotionalen Energien sich auf unsere Dinge bezieht, dann beziehen sich unsere Gefühle im Grunde genommen nicht auf die Dinge als solche, sondern auf jene menschlichen Gefühle und Eigenschaften, die in den entsprechenden Dingen materialisiert sind. Und schließlich, wenn, wofür soviel spricht, wir erst durch die Persönlichkeit unserer Dinge unsere menschliche Individualität erlangen, dann vermitteln wir doch nur das offenbar in unserer kosmischen Natur angelegte Bedürfnis, die spirituelle Differenz zwischen uns und den Dingen zu überwinden. So erweist sich auch die "Einsfühlung", die Liebe zu den Dingen, als die denkbar menschlichste Form der Liebe. Als eine Liebe zur Menschwerdung der Dinge im Zustand der Erde als kosmische Projektion des Menschen.

LITERATURVERZEICHNIS

Anders G. *Die Antiquiertheit des Menschen*, München 1956

Aries, D. Bejin, A. Foucault, M. *Die Masken des Begehrens und die Metamorphosen der Sinnlichkeit*, Frankfurt/M. 1984

Aristoteles, Werke in deutscher Übersetzung,
Hrsg. von E. Grumach
Nikomachische Ethik, Berlin 1964
Politik, Buch II Darmstadt 1991
Über die Seele, Darmstadt 1966

Augustinus, *Bekenntnisse*, herausgegeben von W. Thimme, Zürich und Stuttgart 1950

Ägyptisches Totenbuch. Übersetzt und kommentiert von G. Kolpaktchy, München 1955

Balzac, H. *Die Frau von dreißig Jahren*, Zürich 1977
Die tödlichen Wünsche, Zürich 1977

Banck, A. *Sexuelle Eifersucht*, Erscheinungsformen und Behandlungsformen im Kulturvergleich, Opladen 1990

Benjamin, W. *Charles Baudelaire*, Frankfurt/M. 1969

Buber, M. *Das dialogische Prinzip*, Heidelberg 1984

Buddha, *Die Reden*. Übersetzt und eingel. von H. Oldenberg, Freiburg 1993

Burrow, T. *Social Images versus Realities*, Journal of Abnormal and Social Psychology 19/1925

Cassirer, E. *Philosophie der symbolischen Formen*, Berlin 1923

Cicero, M. A. *Gespräche in Tusculum*, München 1970

Csikzentmihalyi, M. Rochberg-Halton, E. *The Meaning of Things*, Domestic symbols and the self, Cambridge University Press 1981

Diderot, D. *Die geschwätzigen Kleinode*, Potsdam 1920

Diers, M. *Bernhard von Clairvaux*, Beiträge zur Geschichte der Philosophie und Theologie des Mittelalters, Münster 1991

Dilthey, M. Gesammelte Schriften, Stuttgart 1958
Bd. VI *Einleitung in die Philosophie des Lebens*
Bd. VII *Der Aufbau der geschichtlichen Welt in den Geisteswissenschaften*
Bd. XIV.1 *Schleiermachers System als Philosophie und Theologie*

Dittmar, H. *The Social Psychology of Material Possessions*, University of Sussex 1993

Duerr, H. P. *Mythos vom Zivilisationsprozeß* Bd. II Frankfurt/M. 1990

Fechner, G. *Büchlein vom Leben nach dem Tode*, Hamburg 1906

Fichte, G. *Grundlage des Naturrechts*, Gesamtausgabe 1.4 Stuttgart 1970

Foucault, M. *Der Gebrauch der Lüste* Bd. 2 Frankfurt/M. 1990

Freud, S. *Zur Einführung des Narzißmus*, Gesammelte Werke Bd. X Frankfurt/M. 1963

Gadamer, H. G. *Wahrheit und Methode*, Tübingen 1986

Ghazzali, A. *Aphorismen über die Liebe*, Istanbul und Leipzig 1943

Gomperz, T. *Griechische Denker*, Eine Geschichte der antiken Philosophie, Leipzig 1903

Goode, W. *Soziologie der Familie*, München 1967

Gramlich, R. *Islamische Mystik*, Stuttgart 1992

Grassi, E. *Die Theorie des Schönen in der Antike*, München 1980

Hegel, F. Gesammelte Werke, Frommann Ausgabe
Vorlesungen über die Ästhetik Bd. II Stuttgart 1953
Grundlinien der Philosophie des Rechts Bd. VII, Stuttgart 1964

Heidegger, M. Klostermann Gesamtausgabe
Sein und Zeit, Frankfurt/M. 1976
Einblick in das was ist, Bremer und Freiburger Vorträge Bd. 79, Frankfurt/M. 1994
Das Ding und das Werk, Holzwege, Frankfurt/M. 1977

Held, K. *Heraklit, Parmenides und der Anfang von Philosophie und Wissenschaft*, Berlin 1980

Höllhuber, I. *Sprache, Gesellschaft, Mystik*, München 1963

Horaz, *Werke in einem Band*, Berlin und Leipzig 1983

Husserl, E. Gesamtausgabe, Husserliana
Bd. I *Cartesianische Meditationen*, Haag 1956
Bd. VII *Kritische Ideengeschichte*, Haag 1963
Bd. VIII *Theorie der phänomenologischen Reduktion*, Haag 1973
Bd. XIII *Zur Phänomenologie der Intersubjektivität*, Haag 1973

Jaspers, K. *Existenzerhellung*, Berlin 1973

Jung, C. G. *Von Dingen die am Himmel gesehen werden*, Gesammelte Werke Bd. X. Olten 1974

Jünger, E. *An der Zeitmauer*, Stuttgart 1959

Kafka, F. *Ein Bericht für die Akademie*, Sämtliche Erzählungen Frankfurt/M. 1970

Kamper, D. Wulf, Chr. *Die erloschene Seele*, Berlin 1988

Kant, I. *Metaphysik der Sitten*, Werke, Bd. VII Berlin 1916

Kelz, A. *Die Weltmarke*, Idstein 1989

Licht, H. *Sexual Life in Ancient Greece*, New York 1953

Lichtenberg, C. G. *Sudelbücher*, Schriften und Briefe, herausgegeben von F. H. Mautner, Frankfurt/M. 1992

Lukrez, *Über die Natur der Dinge*, Berlin 1957

Luhmann, N. *Liebe als Passion*, Frankfurt/M. 1982

Mandeville, B. *Die Bienenfabel*,
Private Laster - öffentliche Vorteile, Frankfurt/M. 1980

Marcel, G. *Haben und Sein*, Eine Phänomenologie des Habens, Paderborn 1968

Mead, H. *Geist, Identität und Gesellschaft*, Frankfurt/M. 1968
Gesammelte Aufsätze, Bd. I, Frankfurt/M. 1980

Milobenski, E. *Der Neid in der griechischen Philosophie*, Wiesbaden 1964

Platon, Werke in acht Bänden. Herausgegeben von G. Eigler
Nomoi, Darmstadt 1977
Politeia, Darmstadt 1971
Symposion, Darmstadt 1974

Raith, W. *Die Macht des Bildes*. Ein humanistisches Problem bei Giafrancesco Pico della Mirandola, München 1967

Rilke, R. M. *Geschichten vom lieben Gott*, Leipzig 1931

Robbe, Grillet, A. *Die Jalousie*, Reclam 1986

Sartre, J. P. *Das Sein und das Nichts.* Versuch einer phänomenologischen Ontologie, Hamburg 1974

Sade, D. A. F. *Justine und Juliette*, München 1991
Die geharnischten Reden, Dritter Teil, Wiesbaden 1961

Scheler, M. *Zur Phänomenologie und Theorie der Phantasiegefühle*, Halle 1913
Die Idole der Selbsterkenntnis, in: Vom Umsturz der Werte, Leipzig 1923

Schlegel, F. *Lucinde*, herausgegeben von J. Fränkel, Jena 1907
Seine prosaischen Jugendschriften, herausgegeben von J. Minor, Wien 1882

Schopenhauer, A. *Die Welt als Wille und Vorstellung*, Wiesbaden 1972

Schoeck, H. *Der Neid*, Eine Theorie der Gesellschaft, Freiburg 1966

Sennett, R. *Die Tyrannei der Intimität*, Frankfurt/M. 1983

Shorter, E. Die Geburt der modernen Familie, Hamburg 1977

Simmel, G. *Philosophie des Geldes*, Leipzig 1907
Untersuchungen über die Formen der Vergesellschaftung, Berlin 1958

Swift, J. *Gullivers Reisen*, Frankfurt/M. 1981

Swedenborg, E. *Leben und Lehre in wörtlichen Auszügen aus seinen Schriften*, Frankfurt/M. 1880

Thomsen, G. *Frühgeschichte Griechenlands und der Ägäis*, Berlin 1960

Thukydides, *Der Pelepponesische Krieg*, Leipzig 1912

Tolstoi, L. *Die Kreutzer-Sonate*, Sämtliche Erzählungen, Insel Verlag 1961

Wagner, J. *Von der Natur der Dinge*, Leipzig 1803

Weber, M. *Wirtschaft und Gesellschaft*, Bd. I, Tübingen 1956

Winterhalder, L. *Das Wort Heraklits*, Zürich 1962

Wittmann, M. *Die Ethik des Hl. Thomas von Aquin*, München 1933

Xenophon, *Cyropädie*, Langenscheidtsche Bibliothek, Berlin 1907